Ingeborg Gleichauf

Hannah Arendt und Karl Jaspers

Geschichte einer einzigartigen Freundschaft

Böhlau Verlag Wien Köln Weimar

Bibliografische Information der Deutschen Nationalbibliothek:
Die Deutsche Nationalbibliothek verzeichnet diese Publikation in der
Deutschen Nationalbibliografie; detaillierte bibliografische Daten sind
im Internet über http://dnb.de abrufbar.

© 2021 Böhlau, Lindenstraße 14, D-50674 Köln, ein Imprint der Brill-Gruppe
(Koninklijke Brill NV, Leiden, Niederlande; Brill USA Inc., Boston MA, USA; Brill Asia
Pte Ltd, Singapore; Brill Deutschland GmbH, Paderborn, Deutschland; Brill Österreich
GmbH, Wien, Österreich)
Koninklijke Brill NV umfasst die Imprints Brill, Brill Nijhoff, Brill Hotei, Brill Schöningh, Brill Fink, Brill mentis, Vandenhoeck & Ruprecht, Böhlau, Verlag Antike und
V&R unipress.

Alle Rechte vorbehalten. Das Werk und seine Teile sind urheberrechtlich
geschützt. Jede Verwertung in anderen als den gesetzlich zugelassenen Fällen
bedarf der vorherigen schriftlichen Einwilligung des Verlages.

Cover: Hannah Arendt im Jahr 1941 (Portraitstudie von Fred Stein. © ullstein bild – dpa /
Fred Stein) und Karl Jaspers, Porträt aus den 50er Jahren (© akg-images / picture alliance).

Korrektorat: Christoph Landgraf, St. Leon-Rot
Umschlaggestaltung: Guido Klütsch, Köln
Satz und Layout: Michael Rauscher, Wien
Druck und Bindung: Finidr, Tschechische Republik
Printed in the EU

Vandenhoeck & Ruprecht Verlage | www.vandenhoeck-ruprecht-verlage.com

ISBN 978-3-412-52289-6

Für Tilman

Inhalt

Zwischenräume: Zur Einleitung	9
Die Bedeutung der Kommunikation für Jaspers und Arendt	17
Der Philosoph und die Denkerin	41
Arendt – Jaspers – Heidegger	53
Denken und Schreiben	75
Aneinander vorbeilesen: Gespräche mit und über Literatur	97
Natur und Welt	107
Liebe als Macht des Lebens oder Setzung eines Absoluten	115
Das Politische	125
Sprechen und Handeln	145
Gott und Transzendenz, Sterben und Tod	155
In der Gegenwart	169
Ins Offene gesprochen	183

Anmerkungen	185
Literaturverzeichnis und Abbildungsnachweis	193
Dank	195
Personenregister	197

Zwischenräume: Zur Einleitung

... als ich jung war, waren Sie der einzige Mensch, der mich erzogen hat. Als ich Sie nach dem Krieg als erwachsener Mensch wiederfand und eine Freundschaft zwischen uns entstand, haben Sie mir die Garantie für die Kontinuität meines Lebens gegeben. Und heute ist es so, daß ich an das Haus in Basel wie an die Heimat denke.[1]

Mit ihr konnte ich noch einmal wieder auf die Weise diskutieren, die ich mein Leben lang begehrte, aber von Jugend auf – außer mit den schicksalsverbundenen nächsten Menschen – eigentlich nur mit einigen Männern wirklich erfahren habe: in der vollkommenen Rückhaltlosigkeit, die keine Hintergedanken zuläßt – in dem Übermut, sich vergaloppieren zu dürfen, da es korrigiert wird und selber etwas anzeigt, das sich lohnt, in der Spannung vielleicht tief gegründeter Differenzen, die doch umgriffen sind von einem Vertrauen, das auch sie offenbar zu werden erlaubt, ohne daß die Neigung gemindert würde – das radikale gegenseitige Sichfreilassen und Aufhören von abstrakten Forderungen, da sie erlöschen in der faktischen Treue.[2]

Die beiden Zitate, das erste, von Hannah Arendt aus einem Brief an Karl Jaspers vom 18. November 1957, das zweite, aus Jaspers Philosophischer Autobiografie aus dem Jahr 1963, führen mitten hinein in alle Dimensionen ihrer Freundschaft. Wollte man es nicht genauer wissen, stärker in die Details gehen, ein wenig Tiefenschürfung betreiben, dann könnte man es dabei bewenden lassen. Man könnte sich verträumt zurücklehnen und über den Zauber nachsinnen, der einer solch großartigen Freundschaft innewohnt.

Und dennoch: Es fallen nachdenklich machende, zu einem weiter gehenden Nachdenken anregende Grundwörter in den beiden persönlichen Zeugnissen: Erziehung, Lebenskontinuität, Heimat, diskutieren, Differenzen, Neigung, Sichfreilassen, abstrakte Forderungen, faktische Treue. Welche Facetten ihrer Beziehung werden von dem einen oder anderen Grundwort besonders beleuchtet? Wem fällt welche Aufgabe zu? Um welche möglichen Differenzen könnte es gehen, welche Spannungen gilt es auszuhalten? Welcher Art ist die gegenseitige Neigung?

Hannah Arendt und Karl Jaspers: Die Geschichte einer besonderen Beziehung, einer Freundschaft, eines wissenschaftlichen, philosophischen, persönlichen Gesprächs, eines politischen Diskurses. Erzählen, wie es war, als sie sich begegneten? Erzählen, wie es weiterging? Immerhin handelt es sich um eine Beziehung von mehr als vierzig Jahren. Da müsste es doch einiges zu berichten geben. Spannende Details, Entwicklungsschritte, Hoch- und Tiefpunkte, Krisen.

Nehmen wir einmal an, dass genau dies die angemessene Zugangsweise wäre, dann stellt sich allerdings die Frage, warum zum Beispiel in Margarethe von Trottas Spielfilm über Hannah Arendt der Freund Karl Jaspers nicht vorkommt. Margarethe von Trotta, die bedeutende Erzählerin biografischer Filme, in denen es immer auch und ganz wesentlich um Beziehungen geht, verweigert dem Lebensfreund ihrer Protagonistin einen Auftritt. Auch in der 2019 bei dtv erschienenen Grafic Novel *Die drei Leben der Hannah Arendt* von Ken Krimstein fehlt der Freund Karl Jaspers. Sowohl Filme als auch Grafic Novels leben von einer starken Bildmächtigkeit. Bilder liefert die besondere Beziehung zwischen Hannah Arendt und Karl Jaspers jedoch in der Tat kaum, auch wenig Dramatik. Es ist in erster Linie eine Beziehung der Worte, des Gesprächs, des intellektuellen Austauschs. Das mag erklären, warum dort, wo im Mittelpunkt der Darstellung Bilder stehen, dieser vordergründig nicht unbedingt dramatischen Beziehung kein Platz eingeräumt wurde.

Unverständlich bleibt es, wenn man bedenkt, welch hohen Stellenwert sie für die Protagonisten hatte.

Fällt die Wahl auf eine solch besondere Beziehung wie die von Hannah Arendt und Karl Jaspers als eigenständiges Thema, so tut sich in der Tat zunächst die Frage auf nach einer dem Gegenstand angemessenen Zugangsweise. Begibt man sich hinein in die Kontinuität ihrer Gespräche, in die stete Ansprechbereitschaft beider, ihren jahrzehntelangen Umgang miteinander auf Augenhöhe, dann verbietet es sich, dies faszinierende Ich und Du einfach in die Kontinuität einer Geschichte, einer einfachen Lebenserzählung packen zu wollen. Dann wird sehr schnell klar, dass es einen anderen Weg geben muss, sich dieser Freundschaft zu nähern. In der Beschäftigung mit Arendt und Jaspers stellt sich überhaupt die Frage nach dem, was Freundschaft sein kann, völlig neu. Als hätte man bisher überhaupt keine Ahnung gehabt davon, wie Freundschaft zu leben wäre. Über Arendt und Jaspers schreiben hieße dann, über Freundschaft schreiben, als hätte es noch niemand zuvor getan.

In der Auseinandersetzung mit der Beziehung Arendt-Jaspers stellt sich selbstverständlich auch die Frage nach dem, was oder wer die beiden Personen waren, neu. Über Arendt sind viele biografische Arbeiten erschienen, über Jaspers eher wenige. Bislang Erarbeitetes, vielleicht fest Zusammengefügtes, erkenntnismäßig Gesichertes, beginnt zu bröckeln, sobald man sich einlässt auf eine nähere Untersuchung ihrer Beziehung. Zunehmend wichtiger als die individuellen Gestalten der beiden wird der Raum dazwischen, in dem sich die Grenzen der Personen auflösen. Dieser Raum ist bevölkert von Stimmen, die fragen und antworten, staunen und feststellen, zweifeln und urteilen. Vor allem natürlich treten zwei Stimmen ins Gespräch: die von Hannah Arendt und die von Karl Jaspers. Aber viele weitere gesellen sich dazu, manche bleiben, manche verstummen nach einer Weile. Es handelt sich um Stimmen lebender Personen, von Freundinnen und Freunden, Geliebten, Ehepartnerinnen und Ehepartnern, wissenschaftlicher Weggefähr-

Karl Jaspers bei einer Vorlesung in der Aula der Universität Heidelberg, vermutlich 1947.

tinnen und -gefährten, und Menschen, die bereits gestorben sind oder aus Texten heraus sprechen. Ähnlich verhält es sich mit den Themen, die besprochen werden. Auch hier haben wir es mit einem Kommen und Gehen oder Bleiben zu tun. Dieser Zwischenraum weitet sich mit den Jahren. Niemals wird er enger.

Über Hannah Arendt und Karl Jaspers schreiben heißt: sich in diesen Gesprächsraum begeben, der Vielstimmigkeit lauschen, sich selbst ins Spiel bringen, mitreden, ins Gespräch treten mit Menschen, über Themen.

Wenn Menschen von sich sagen, Heimat, die auch eine gesuchte, ersehnte, verlorene und vielleicht wiedergefundene sein kann, sei die Welt, wirft dies ein bestimmtes Licht auf die Art und Weise, wie sie ihre Beziehungen mit anderen Menschen leben. So ist die Freundschaft von Hannah Arendt und Karl Jaspers nie eine weltlose, denn sie sehen beide auch und sogar vor allem die Welt, in der Menschen handeln und sprechen, als ihre Heimat an.

Dabei lebt Hannah Arendt, als sie im Sommersemester 1926 ihr Studium der Philosophie nach drei Semestern bei Martin Heidegger in Marburg und einem Semester bei Edmund Husserl in Freiburg bei Karl Jaspers an der Ruprecht-Karls-Universität in Heidelberg beginnt, zu dieser Zeit noch immer in der Liebesbeziehung zu Martin Heidegger befangen, die mit einer Art Weltlosigkeit einhergeht, denn zuhause kann Arendt in dieser Beziehung nicht sein. Vielmehr fühlt sie sich verloren, haltlos, umhergewirbelt. Es ist eine in weiten Teilen erzählbare Geschichte. Sie ist immer wieder erzählt worden.

Arendt ist nach dem Abbruch der konkreten Liebesbeziehung mit Heidegger innerlich noch immer verstrickt, als sie den Universitätsprofessor Karl Jaspers kennenlernt. Sie war aus Marburg geflohen, weil sie die Heimlichtuerei nicht mehr ertrug. Es war also kein rein freiwilliger Wegzug. Durch die Begegnung mit Jaspers erfährt die junge Studentin zum ersten Mal eine echte Öffnung in die Welt hinein. Viel später wird sie begeistert über diesen frühen Eindruck sprechen und darüber, dass es vor allem auch die Art, wie Jaspers spricht, war, was von Anfang an faszinierte. Sie lernt einen ganz neuen Typus Professor und vor allem Lehrer kennen. Jaspers spricht nicht vom Katheder in sich hinein, sondern aus sich heraus auf seine Zuhörerinnen und Zuhörer zu. In seiner persönlichen Zugewandtheit und Sprechweise ist er das genaue Gegenteil von Martin Heidegger. Und Arendt hat Augen und Ohren, dies genau wahrzunehmen.

Betrachtet man die Lebenswege beider bis zu dem Zeitpunkt, als sie sich begegnen, zeigt sich ein Detail, das für die Biografien sowohl von Arendt wie auch Jaspers hervorstechend ist: Das Unvorhersehbare als Chance nimmt schon in der Jugend einen großen Platz ein, beide zeigen eine starke Neigung, vorgegebene Wege zu verlassen, Umwege zu gehen oder ganz andere, neue Wege zu suchen. Arendt und Jaspers sind »Abweichler« im besten Sinn des Wortes. Hannah Arendt verlässt ein Jahr vor dem Abitur die Schule und macht das Abitur als Externe. Schon als Schülerin studiert sie an der Universität. Karl Jaspers promoviert in Medizin, habilitiert sich mit einer psychologischen Arbeit und wird dennoch Ordinarius für Philosophie. Hier treffen zwei Menschen aufeinander, denen schnurgerade Wege nicht viel bedeuten und die keine Angst vor offenen Zukunftsperspektiven haben.

Die »Geschichte« Hannah Arendts mit Heidegger geht weiter, wird eine lebenslängliche sein. Für die Welt wird es darin nie einen wirklichen Platz geben. Aber auch dem ehemaligen Geliebten gegenüber wird Arendt sich selbst treu bleiben, aus der jeweiligen Lebenssituation heraus eine Haltung finden und ihren eigenen Denkweg gehen, ohne die Inspirationen der ersten Studiensemester in Marburg hinter sich zu lassen. Dafür hat sie bei Heidegger zu viel gelernt.

In der Begegnung mit Karl Jaspers tritt die Hannah Arendt zutage, die in der Welt beheimatet ist. Nach dem Krieg ist ihr Wunsch, sich bei anderen Menschen heimisch zu fühlen, besonders stark. Und was die Erfüllung dieser Sehnsucht betrifft, ist die Beziehung zu Karl Jaspers ein absoluter Glücksfall. Am 4. Februar 1950 schreibt Arendt aus Basel an ihre Freundin Hilde Fränkel: »Heute nun endlich wieder in Basel, wie man nach Hause kommt. Dies hier ist, was Europa anlangt, zuhause.«[3] Arendt berichtet in einem anderen Brief, diesmal an Heinrich Blücher am 14. November 1955, wie sehr sie sich bei Jaspers aufgehoben fühle, wie ein Kind. Dies ließe auf eine rein väterliche, beschützende Beziehung schließen, was aber voreilig geschähe, denn in genau diesem Brief, in dem Arendt ihr Kindsein im Hause Jaspers betont, berichtet sie auch von Streitgesprächen auf Augenhöhe und davon, dass Jaspers »viel aufgeschlossener als je zuvor«[4] gewesen sei. Keineswegs also sind die beiden sich immer einig. Bereits am 11. April 1952 schreibt Arendt über die nicht immer einfachen, wenn auch großartigen Gespräche mit Jaspers an ihren Mann. Jaspers gehe es letztlich immer um »das Gültige, Maßstab Gebende, um die Tradition«. So sei es zum Beispiel sehr schwer, mit ihm über Rilke zu sprechen, weil er ihn sofort an Hölderlin messe und dadurch »irgendwie erledige«. Wörtlich schreibt Arendt: »Als ich kam, war ich den ersten Tag fast verzweifelt, so stark hatte das Rationalisieren und Moralisieren zugenommen. Dann habe ich ihn aber wieder gekriegt, weil er ja so ein großartiger Kerl ist, wie man ihn zum zweiten Mal nicht sieht.«[5] Hier spricht ganz eindeutig kein Kind über seinen Vater, sondern eine Gesprächspartnerin, deren Argumentationsweise sich gewaschen hat, wie man vermuten mag. Oft dauern diese Gespräche ganze Tage, von Unterbrechungen abgesehen, die Jaspers' fragiler Gesundheitslage geschuldet sind. Im bereits zitierten Brief an Blücher vom 11. April 1952 findet sich sogar eine ziemlich geheimnisvolle Stelle: »Er hat ein paar Sachen über seine Beziehung zu mir gesagt, die ich nicht wiederholen mag; aber es ist schon so, wie Du immer vermutetest, nur hat er im Grunde keine Ahnung davon.«[6] Blücher antwortet am 18. April 1952: »Jaspers, ja Jaspers, natürlich hatte ich recht, weil es ja so im besten und herrlichsten Sinne natürlich ist. Was deine Philosophen Dir alles anrichten, und ›alles geben die Götter‹, frag mich nur nicht wie.«[7]

Worum genau es geht, wird nicht ausgesprochen. Was meint Blücher wohl mit »deinen Philosophen«? Möglicherweise, ja vielleicht sogar sehr wahrscheinlich spricht er auf die Liebesgeschichte seiner Frau mit Heidegger an. Außerdem würde es zu Blücher passen, nähme er an, auch Jaspers sei ein wenig verliebt in Arendt, was er ganz »natürlich« fände. Auf jeden Fall gäbe Jaspers sich das nie zu und so könnte keine dramatische Geschichte daraus werden. Ebenfalls natürlich ist es auch, dass Arendt und Jaspers immer wieder über Heidegger sprechen. Am 31. Oktober 1956 schreibt Arendt an Blücher davon, dass sie bezüglich Heidegger mit Jaspers eine »Art Generalbesprechung« hatte. Auf all diese Andeutungen wird im Lauf der Arbeit näher einzugehen sein. Sie weisen darauf hin, dass die Beziehung zwischen Hannah Arendt und Karl Jaspers auf jeden Fall nicht einfach aufzuschlüsseln ist und durchaus auch ihre rätselhaften Seiten hat. Diese Freundschaft ist komplexer als vielleicht vermutet. In den Gesprächen zwischen den beiden geht es um Themen, über die auch immer wieder heftig gestritten wird, es geht um Methodisches, die Art, wie man zum Beispiel an Texte herangeht, sie liest und interpretiert, philosophische und literarische Texte, es geht um Formen des Nachdenkens, um Philosophie und Wissenschaft, um Politik, Moral, Distanz und Nähe, um Freundschaft und das Grundsätzliche von Beziehungen. Im Lauf der Jahre kommen neue Themen dazu, so zum Beispiel Fragen zu Sterben und Tod, zu Zeitlichkeit und Ewigkeit. Eine sehr große Rolle spielt auch die Beziehung von Mündlichkeit und Schriftlichkeit. Wenn man sich in der riesigen Jaspers-Bibliothek im Jaspers-Haus in Oldenburg bewegt, sich umsieht, sich festliest, wird einem bewusst, was für ein gigantisches Lese-Pensum der Philosoph absolviert hat. Und auch Hannah Arendt war von Jugend an eine manische Leserin. So eröffnet sich eine schillernde Welt der Beziehungen und Bezüge, aus Kontinuität und Plötzlichkeit, Klarheit und Geheimnis.

Auf dem Weg einer Annäherung an die genannten Themen mag die Beziehung von Jaspers und Arendt hervortreten als das, was sie in aller Intensität war: ein spannendes, kontinuierliches, sensibles, in der Sache hartes, immer wieder kontroverses Gespräch zwischen zwei einander in tiefer Freundschaft zugetaner Menschen.

Die Bedeutung der Kommunikation für Jaspers und Arendt

> Was nicht mitteilbar ist, ist, als ob es nicht sei.
> (Karl Jaspers)

Am 21. Februar 1961 schreibt Hannah Arendt einen Geburtstagsbrief an Karl und Gertrud Jaspers. Darin betont sie die immense Bedeutung, die die Freundschaft mit den beiden für sie hat.

> Immer um diese Zeit im Jahr denke ich, wie schön es ist, daß Sie beide überhaupt geboren wurden, daß Sie dann zueinander fanden und so dies einzigartige Beisammen errichteten, das für mich schließlich noch ein zweites Zuhause geworden ist.[1]

Ein wenig seltsam mutet es an, dass die drei einander zu diesem Zeitpunkt noch immer siezen. Offenbar braucht es einer weiteren Person, um das Eis ganz und gar zu brechen, und bald darauf, im Juli 1961 kommt es zur ersten Begegnung zwischen den Eheleuten Jaspers und Hannah Arendts Ehemann Heinrich Blücher, in deren Verlauf das formale »Sie« durch ein vertrautes »Du« abgelöst wird. Hannah Arendt schreibt an Jaspers am 6. August 1961:

> Und dann das ›Du‹, das mich nicht einmal mehr erschreckte, kaum noch wunderte (Heinrich ist ja ohnehin nicht so leicht aus der Fassung zu bringen) – wie das Siegel darauf, daß ein Vertrauen, wie groß es auch sei, sich noch einmal steigern kann in die Vertrautheit.[2]

Brief von Hannah Arendt an Karl Jaspers vom 13.6.1929, erste Seite.

Wie sensibel Arendt mit den Wörtern umgeht, wie fein sie unterscheidet, in diesem Fall zwischen Vertrauen und Vertrautheit. Und was sie dazu sagt, leuchtet sofort ein. Von Anfang an war da ein Vertrauen, das gar kein Gefühl der Fremdheit aufkommen ließ. In der nun herrschenden Vertrautheit intensiviert sich die das Verhältnis schon lange beherrschende Erfahrung von Nähe.

Arendts Buch *Über die Revolution*, das 1963 erscheint, ist Gertrud und Karl Jaspers gewidmet »In Verehrung – in Freundschaft – in Liebe«. Die Widmung freut Jaspers ganz besonders und zwar aus zwei Gründen: erstens, weil Arendt darin beide, Gertrud und Karl, »in eins« nehme und sich zweitens die Verbundenheit »öffentlich zu zeigen wagt«. Hier kommt ein weiterer Aspekt des Verständnisses von Freundschaft bei Arendt und Jaspers zum Vorschein. Es handelt sich nicht um eine Art von Beziehung, die ganz und gar privater Natur ist, sondern durchaus im öffentlichen Raum sichtbar werden darf. Freundschaft ist also nicht einfach eine Empfindung, ein Gefühl, das seinen Ort im Innersten der Person hat. Freundschaft ereignet sich im Zwischen-den-Menschen, einem Raum, der sich öffnen kann in Richtung Öffentlichkeit. Der Raum zwischen den Menschen, der für Arendt wie für Jaspers erst Denken, Handeln und Sprechen möglich macht, ist nirgendwo von einer solch immensen Weite da wie in der Freundschaft.

Einen wichtigen Beleg für die vielfältigen Möglichkeiten von Freundschaft, die Arendt gepflegt hat, bilden ihre Briefe. So hat sie zum Beispiel den Briefwechsel mit Karl Jaspers im Marbacher Literaturarchiv selbst geordnet und ihn der Öffentlichkeit in einem Zustand übergeben, mit dem sie zufrieden sein konnte. Was Freundschaft ist, was sie sein kann, ist nicht ein für alle Mal zu klären. In ihrem Denktagebuch notiert Hannah Arendt schon im Januar 1953:

> Im Bereich der Pluralität, der der politische Bereich ist, muß man all die alten Fragen neu stellen. Was ist Liebe, was ist Freundschaft, was ist Einsamkeit, was ist Handeln, Denken u.s.w. ...[3]

Nicht im Bereich persönlicher Intimität sind diese »alten Fragen« neu zu klären. Die politische Theoretikerin stellt sie und zwar im Horizont des Grundwortes ihrer politischen Theorie: Pluralität.

Freundschaft ist kein fragloser, irgendwann erreichter Zustand, sondern eine stetige Frage, die im Vollzug, mit dem Bewusstsein der Pluralität, perspektivische Antworten findet. Arendt unterscheidet im Denktagebuch sehr genau zwischen Privatheit und Intimität:

> Intimität (Innigkeit) und Privatheit sind nicht dasselbe. Die Intimität ist die große Entdeckung, die aus der Erfahrung des Gesellschaftlichen kommt. Die Intimität ist das Verborgene, dessen man sich nicht schämt, beziehungsweise das im Öffentlichen nicht Schande bedeutet.[4]

Aus der Erfahrung des Gesellschaftlichen und das heißt aus der Erfahrung von Pluralität erwächst die Erkenntnis darüber, was Intimität heißt. Im Bereich der Intimität verortet Arendt Freundschaft und Liebe. Das Private hat es mit dem »Eigenen« zu tun, mit dem, was man vor der Welt verbergen will. Die Freundschaft mit Karl Jaspers ist eine in Arendts Sinn »intime«, »innige« Beziehung und das heißt für sie eine solche, die im Bereich des Öffentlichen nicht mit Scham behaftet ist.

Gleichursprünglich mit der Befragung dessen, was Freundschaft sein kann, ergibt sich die Frage nach dem Wesen derer, zwischen denen Freundschaft entsteht, sich entwickelt, vielleicht irgendwann endet. Sind es Individuen, Personen, Persönlichkeiten oder einfach nur Menschen? Und wenn ja, welchen Begriff vom Menschen haben Jaspers und Arendt? Da beide theoretisch veranlagt sind, sich denkerisch betätigen, mag die Frage legitim sein, welche Vorstellungen Arendt und Jaspers vom Ich, von der Person, vom Selbst entwickeln und in welcher Beziehung diese Begriffe zur Kommunikation stehen?

Jaspers geht aus von einem »Selbstsein als isoliertes Ichsein«, dessen Aufgabe darin besteht, zum »Selbstsein in Kommunikation zu werden«. Menschen müssen also aus sich heraustreten, um eine Beziehung zu anderen herzustellen. Wenn Menschen ihr Selbstsein wirklich ergreifen wollen, müssen sie kommunizieren. Als isoliertes Ich kann das Selbst sich nicht entfalten. Es ist zunächst ganz bei sich, eingekapselt in einem Kern und verlässt diesen Innenraum, geht hinaus und trifft auf andere Menschen, die ebenfalls aus sich heraus auf den anderen zugehen. Der Zwischenraum zwischen beiden ergibt sich also in dem Moment, in dem ein Gespräch möglich wird, die Selbst-Zentrierung im Ich aufgehoben wird. Vorher ist dieser Zwischenraum nicht da. Ich und Du erschaffen diesen Raum.

Hannah Arendt geht anders vor. Für sie sind wir zuerst und zumeist erscheinende Wesen. Indem wir erscheinen, sind wir auch soziale Wesen, müssen also nicht aus uns herauszutreten, um miteinander in Beziehung treten zu können. Wir sind immer schon auf die anderen ausgerichtet und sind für die anderen ebenfalls andere. Auch im Inneren ist das Ich nicht isoliert, sondern eine Reflexion des erscheinenden Menschen. Dieses erscheinende Ich ist das Selbst. Es hat eine Geschichte, verändert sich in der Zeit, erscheint in der Welt. Es kann also dieses Selbst nur geben, weil es andere Menschen gibt, weil wir handeln und sprechen und weil wir Weltbezug haben.

Die große Bedeutung der anderen für die einzelnen Menschen ist bei beiden, Arendt und Jaspers, gleichermaßen ausgebildet. Nur hat dies bei und mit anderen sein bei Arendt eine Ursprünglichkeit und damit Natürlichkeit, die es für Jaspers so nicht gibt.

Da wo Jaspers ein isoliertes Ich erkennen will, entwickelt Arendt ihre Vorstellung vom denkenden Ich, das unsichtbar ist und, wie sie sich ausdrückt, »die Farbe des Todes hat«. Das denkende Ich wird aktiv, wenn ich mich aus der Welt der Erscheinungen zurückziehe. Auch dies denkende Ich aber hat dialogischen Charakter. Nur weil wir mit uns selbst Freundschaft pflegen im Denken, sind wir fähig zur Freundschaft mit anderen Menschen. Eine Wirkung hat dies im Dialog mit mir selbst Gedachte aber nur dann, wenn es versprachlicht wird, also ausgesprochen oder aufgeschrieben.

Für Arendt und Jaspers gehört Kommunikation, unabhängig von den philosophischen Begriffen, unter denen sie Ich und Selbst denken und unabhängig von den unterschiedlichen Denkansätzen zu den zentralen Möglichkeiten des Menschseins.

In der Kommunikation, durch die ich mich selbst getroffen weiß, ist der Andere nur dieser Andere; die Einzigkeit ist Erscheinung der Substantialität dieses Seins. Existentielle Kommunikation ist nicht vorzumachen und nicht nachzumachen, sondern schlechthin in ihrer jeweiligen Einmaligkeit. Sie ist zwischen zwei Selbst, die nur diese und nicht Repräsentanten, darum nicht vertretbar sind. Das Selbst hat seine Gewißheit in dieser Kommunikation als der absolut geschichtlichen, von außen unerkennbaren. Allein in ihr ist das Selbst für das Selbst in gegenseitiger Schöpfung. In geschichtlicher Entscheidung hat es durch Bindung an sie sein Selbstsein als isoliertes Ichsein aufgehoben, um das Selbstsein in Kommunikation zu ergreifen.[5]

Für Jaspers geht der Weg von innen nach außen. Bei Arendt ist das Selbst immer schon »draußen«. Das Grundwort heißt bei ihr »Zwischenraum«, egal ob es um die Kommunikation einer Person mit einer anderen geht oder um das Denken als Dialog im Zwischenraum zwischen mir und mir. Arendt denkt Kommunikation eher räumlich, Jaspers eher zeitlich.

Eine Frage allerdings drängt sich in diesem Zusammenhang auf: Ganz selbstverständlich wurde bisher der Begriff Kommunikation sowohl für Hannah Arendt als auch für Karl Jaspers in Anspruch genommen. Tatsächlich aber verhält es sich so, dass vor allem Jaspers mit dem Wort Kommunikation operiert, während Arendt es eher meidet. Wir sind es gewohnt, Kommunikation als eine Art Oberbegriff zu verwenden für nahezu alle Formen von in-Beziehung-Treten, sich einer anderen Person öffnen, etwas mitteilen wollen. Arendt geht sparsam damit um. Das Wort suggeriert eine starke Aktivität derer, die ins Gespräch treten. Der Zwischenraum wird in der Kommunikation erst geschaffen.

Es ist erstaunlich, wie rasch sich das freundschaftliche Gespräch zwischen Arendt und Jaspers intensiviert. Schon nach kurzer Zeit erkennt Jaspers, wen er in Hannah Arendt vor sich hat, entwickelt ein Gespür für ihre Besonderheiten, Vorlieben, Abneigungen. Nachdem sie sich mit Günther Stern verheiratet hat, in Berlin lebt und ihren Besuch in Heidelberg ankündigt, um mit ihm über ihre Rahel Varnhagen Biografie zu sprechen, nennt Jaspers zwei Tage, an denen sie im Hause Jaspers willkommen wäre, fügt aber hinzu: »Da wir Hausbesuch haben, der Sie nicht interessiert, lade ich Sie diesmal nicht zu den Mahlzeiten ein.«[6] Jaspers weiß also, wie empfindlich Arendt manchmal reagiert auf Leute, mit denen sie nichts anzufangen weiß. Ihre Reaktion kann andere durchaus befremden. Womöglich strahlt sie dann in Wort und Geste eine ironische Distanziertheit aus, mit der nicht jedermann sich anfreunden kann. In einem späten Interview aus dem Jahr 1965, in dem es um Eichmann in Jerusalem und die kontroversen Reaktionen, die das Buch in der Öffentlichkeit ausgelöst hat, geht, spricht Jaspers davon, dass er gerade diesen besonderen ganz eigenen »Ton« an Hannah Arendt schätze, und dass er in seinen Augen ein Zeichen ihrer Unabhängigkeit sei. Genau diesen Eindruck hatte Jaspers auch schon mehr als 30 Jahre zuvor. Freundschaft, das kann heißen und tut es in diesem besonderen Fall von Freundschaft, die Unabhängigkeit des/der anderen zu erkennen, zu schätzen, zu schützen und niemals zu untergraben.

Zunächst einmal ist Hannah Arendt aber einfach eine Studentin und Schülerin von Karl Jaspers. Über seine eigene universitäre Laufbahn schreibt Jaspers: »Meine Laufbahn an der Universität ist so abnorm, daß man sagen muß, ein freundlicher Engel war zu meinen Gunsten im Spiel.«[7]

Vielleicht muss es ja gerade solch ein Professor sein, dessen beruflicher Werdegang den Charakter des von ihm selbst so empfundenen »Abnormen«, etwas Sonderbaren hat, dem Hannah Arendt nun in Heidelberg begegnet. Jaspers gehört keiner philosophischen Schule an. Allein der innere Antrieb brachte ihn zum Philosophieren. Auch für Hannah Arendt gab es bereits in sehr jungen Jahren keine Alternative zur Philosophie. Insofern ist dieses Lehrer-Schülerin-Verhältnis von Anfang an ein besonderes, zumal Arendt mit nicht unerheblichen philosophischen Leseerfahrungen glänzen kann. Außerdem hat sie bei Martin Heidegger studiert in einer entscheidenden Phase, nämlich als er begann, an *Sein und Zeit* zu schreiben. Wie sie sehr viel später betonen wird, habe sie bei ihm das Denken gelernt. Nicht Denkergebnisse stehen bei Heidegger im Vordergrund, sondern der Denkprozess als solcher. So und nicht anders begreift auch Karl Jaspers seine Arbeit. In seinen Vorlesungen und Seminaren können seine Studentinnen und Studenten dieses lebendige Denken in der Praxis erleben. Jaspers präsentiert keine Ergebnisse oder Lösungen, sondern lädt ein, mitzudenken, den Denkprozess als lebendigen kommunikativen Austausch zu erfahren. Jaspers will keine Autorität sein, er will nicht Vorbildcharakter haben und doch ist er streng mit sich und anderen, wenn es um die Sache geht. Er muss wissen, wer das ist, der oder die von ihm etwas will, bei ihm zu lernen vorhat. Und er merkt sehr schnell, dass er es bei Hannah Arendt mit einer besonderen Studentin zu tun hat. Als Abschluss ihres Studiums schreibt sie eine Dissertation zum Thema *Der Liebesbegriff bei Augustinus*.

Jaspers bietet seinen Studentinnen und Studenten an, sich mit Fragen, die im Rahmen seiner Seminare und Vorlesungen auftauchen, per Brief an ihn zu wenden. Der erste erhaltene Brief von Hannah Arendt an ihren Lehrer ist datiert vom 15. Juli 1926. Es ist ein bemerkenswerter Brief, in dem das Thema »Kommunikation« eine entscheidende Rolle spielt und der zeigt, dass Arendt in ihrer Jugend durchaus noch einen Bezug zum Begriff »Kommunikation«

hat. Anlass ist ein Seminar zu Schelling, das Jaspers im Sommersemester 1926 hält. Es geht Arendt in diesem Brief um ein Verständnis dessen, was eine philosophische Deutung der Geschichte leisten könnte. »Ich verstehe die Geschichte nur von dem Boden aus, auf dem ich selbst stehe. Mein absolutes Bewußtsein versucht in Kommunikation zu treten mit dem absoluten Bewußtsein, das gewissermaßen hinter den uns überlieferten Werken steht. Das würde heißen: ich versuche die Geschichte zu deuten, das, was sich in ihr ausdrückt zu verstehen von dem her, was ich aus meiner Erfahrung schon weiß.«[8] Jaspers fügt am Rand hinzu: »Nicht deuten, sondern kommunizieren.« Deuten scheint ihm nicht das richtige Wort zu sein, wenn es darum geht, kommunikativ verstehen zu wollen. Er geht nicht ein auf Arendts Vorstellung von Kommunikation in Bezug auf die von ihr genannten zwei Formen von absolutem Bewusstsein. Arendts früher Begriff von Kommunikation ist einer, der Abständigkeit signalisiert. Deutung geschieht aus einem Abstand heraus. Deutung würde Jaspers nicht als eine Form von Kommunikation begreifen. Eine solche Herangehensweise ist ihm fremd. Für ihn kann es nur darum gehen, in ein Gespräch zu treten, sei es mit Personen, Texten oder, wie in diesem Fall, mit Geschichte.

Hannah Arendt ist auf jeden Fall auf dem richtigen Weg, indem sie sich klarmacht, dass ein Verstehen von geschichtlichen Vorgängen nur möglich ist auf der Basis der eigenen Existenz. In Arendts Verständnis ist jedoch die Position des deutenden Menschen die stärkere. Man spürt hier bei der frühen Hannah Arendt ganz deutlich das große Interesse an Theorie, an theoretischem Durchdringen von Phänomenen. Wenn man diese Stelle im Horizont der späteren Werke Arendts liest, erkennt man sehr schnell, dass sie am Anfang ihres Denkweges steht, dass sie noch viel vorhat.

Karl Jaspers arbeitet zu dieser Zeit an seiner auf drei Bände ausgerichteten Philosophie. Im zweiten Band geht es auch um Kommunikation und Geschichtlichkeit. Für Jaspers wird Geschichte dann spannend, wenn man sich von ihr direkt ansprechen lasse, sie nicht bloß betrachte, sondern mit ihr in Kommunikation trete. Seine Studentin Hannah Arendt weist Jaspers damit auf etwas hin, das im Grunde überhaupt nicht neu ist für sie, denn in etwas anderer Form hat sie diese Herangehensweise an Geschichte bereits bei Heidegger und Husserl kennengelernt. Sie beinhaltet eine grundsätzliche Bezüglichkeit der sich um Wissen bemühenden menschlichen Existenz. Hier bei Jaspers handelt es sich um Kommunikation als eine besondere Form von Bezüglichkeit, deren Bedeutung vor allem im Zwischenraum zwischen mir und dem/der anderen, beziehungsweise der Sache, die untersucht werden soll, liegt. In Hinsicht auf Geschichte bedeutet der Ansatz von Karl Jaspers, dass der Lerneffekt deutlich zunimmt von dem Moment an, in dem ich mich auf das Gespräch mit der Geschichte einlasse, sie selbst zur Sprache kommen lasse. Und auch die eigene Existenz erweitert ihre Möglichkeiten von Bezüglichkeit durch diese Art der Kommunikation.

> Durch Geschichtsphilosophie, welche Existenz in ihrer möglichen Weite erfasst, entsteht weder eine Enzyklopädie historischen Wissens, noch kann sie als ein mögliches Ideal das einer Vollständigkeit haben. Denn da Existenz niemals auch nur im Ansatz aus sich heraustreten, also auch nicht die Welt der vielen Existenzen als eine Mannigfaltigkeit sich zum Bilde werden lassen kann, so bleibt ihr nur, sich in ihrem Gehalt selbst zu erweitern und bereit zu bleiben zur umfassenden Kommunikation.[9]

Indem Jaspers beim Thema einer philosophischen Auseinandersetzung mit Geschichte den Begriff Kommunikation stark macht, stellt er auch für Arendts denkerische Biografie eine wichtige Weiche. Schon in ihrem ersten größeren Werk, der Biografie Rahel Varnhagens, die unter dem gestrengen Lehrerauge Karl Jaspers entsteht, zeigt sich das sehr deutlich. Arendt selbst betont, es gehe ihr nicht darum, das Leben und die Person Rahel Varnhagens zu interpretieren, ihr ein Deutungskorsett überzustülpen, sondern den Versuch zu wagen, sozusagen auf die andere Seite zu wechseln, Rahel Varnhagen selbst sprechen zu lassen. Ob das überhaupt gelingen kann, spielt eigentlich gar keine Rolle, denn das Entscheidende ist die Richtung, die Arendt mit dieser Arbeit eingeschlagen hat. Der Stichwortgeber heißt Karl Jaspers.

Der Briefwechsel zwischen Arendt und Jaspers kann eine Schule gelingender Kommunikation genannt werden. Von Anfang an bewegt er sich auf einem intellektuell sehr hohen Niveau und ist gekennzeichnet von Härte in der jeweiligen Sache und großer Sensibilität im persönlichen Umgang. In den ersten Briefen zeigen sich beide, was Anrede und Briefschluss betrifft, tastend, einfühlend und variabel trotz Einhaltung formaler Standards. Hannah Arendt beginnt zunächst mit »Sehr verehrter Herr Professor« und endet zumeist mit »Ihre sehr ergebene Hannah Arendt«. Karl Jaspers wendet sich an die »Liebe Frau Arendt« und beendet zumeist mit »herzlichen Grüßen«. Bei Arendt kommt sehr bald schon auch ein Ausdruck von Dankbarkeit in ihre Briefe. Als Schülerin von Karl Jaspers bleibt sie in verehrender Distanz. Der Lehrer Jaspers lässt nach kurzer Zeit eine gewisse Herzlichkeit spüren, was zum Teil sicher auch dem großen Altersunterschied geschuldet ist, auch wenn er bei den Themen, um die es in den Briefen geht, stets sehr streng argumentiert. Auf jeden Fall sind bereits diese ersten Briefe an und von Karl Jaspers für Hannah Arendt Übungen im kommunikativen Ringen um Erhellung der »Sache«.

Von Anfang an begegnen Hannah Arendt und Karl Jaspers einander ohne den Wunsch, im anderen so etwas wie einen personalen Kern, eine unverwechselbare Identität ausfindig zu machen. Ihr Gespräch bewegt sich in einem Raum, in dem alles Feste verflüssigt wird durch Kommunikation.

Kommunikation verflüssigt alles, um neue Festigkeit hervorgehen zu lassen. Sie darf keine Gewißheit festhalten, denn sie übergreift alles

Gewußte durch ihre noch dunkle Möglichkeit. Nur bei grenzenloser Standortverschieblichkeit, darum hingabebewußter Unfertigkeit, ist wahrhaft Kommunikation denkbar. Jede Festigkeit wird, wenn sie als Bedingung vorgeschoben wird, zu einer Mauer, die mich von den anderen und mir selbst trennt. An die Stelle des Offenbarwerdens in Kommunikation tritt die Verteidigung eines Fixierten. Der Wille zur Offenbarkeit bedeutet das Wagnis, alles Gewonnene in Frage zu stellen, ungewiß, ob und wie ich darin mich selbst gewinne.[10]

Karl Jaspers betont das Prozesshafte von Kommunikation. Jede Festigkeit würde Stillstand bedeuten. Es kommt nicht darauf an, eine einzige Position zu vertreten, sondern man muss immer in der Lage sein, den einmal eingenommenen Standort zu wechseln. Im Nachdenken über Kommunikation stellt sich ganz natürlich auch die Frage nach der Rolle der Einsamkeit. Für Hannah Arendt hat Einsamkeit eine zentralere Bedeutung als für Jaspers. Sie unterscheidet Einsamkeit von Verlassenheit. Nur wenn ich in der Lage bin, mit mir allein zu sein, also einsam, kann ich erleben, wie es ist, ein anderer unter anderen zu sein. Ohne Einsamkeit erfahre ich keine Pluralität. Das heißt, die Kommunikation mit mir ist die Bedingung der Möglichkeit für Kommunikation mit anderen Menschen. In ihrem Denktagebuch notiert Arendt im Januar 1952 bezüglich der Einsamkeit: »Alle konsequent durchgehaltene Einsamkeit endet in Verzweiflung und Verlassenheit – einfach weil man sich selbst nicht um den Hals fallen kann.«[11] Für Arendt ist also Einsamkeit durchaus eine Form der Kommunikation, aber eine, die auf Unterbrechung angelegt ist. Jede Einsamkeit muss immer wieder in die Kommunikation mit Menschen münden. Jaspers sieht Einsamkeit und Kommunikation zunächst als Pole. Die Würde der Einsamkeit zeichnet sich aus durch eine Eigenständigkeit, welche im Offenbarwerden durch Kommunikation erst wirklich zu sich selbst kommt. In diesem Fall ist Einsamkeit unaufhebbarer Teil von Kommunikation. Das, was Arendt verzweifelte Verlassenheit nennt, ist für Jaspers eine zweite Form von Einsamkeit. Er spricht dann von »leerer Ichheit«, einer Art Nichtsein, am Abgrund stehen. Hannah Arendt nennt diesen Zustand »Singularität«. Sie bezeichnet ein Gefühl äußerster Verlassenheit. Mit Einsamkeit darf Arendts Begriff der Singularität nicht verwechselt werden.

> Die Singularität des Menschen verwirklicht sich nur in der Verlassenheit, die am elementarsten die Verlassenheit des Sterbens ist. In der Singularität ist der Mensch in der Tat nicht mehr von dieser Welt; es ist die einzige radikal anti-politische Erfahrung. … Diese Singularität darf man nicht mit der unverwechselbaren Einzigkeit und Einmaligkeit jedes Einzelmenschen verwechseln. Diese gerade ist politisch und verschwindet in der Singularität, in der wir niemanden mehr haben, von dem wir uns unterscheiden, und daher unverwechselbar werden können.[12]

Es wäre mit Sicherheit interessant, die Entwicklung des Begriffs der Singularität von Hannah Arendt hin zum soziologisch fundierten Singularitätsbegriff von Andreas Reckwitz zu verfolgen. Von Arendt her gesehen wären die spätmodernen Menschen in ihrer Konstruktion von Singularität eigentlich nicht von dieser Welt und existierten in großer Verlassenheit. Wenn man im Sommer 2020 nach der Öffnung der Grenzen trotz Corona und dem wieder möglich werdenden Urlaub auf die Aussagen Reisender hört, wird Arendts Aktualität sehr bewusst: Da geht es den Urlaubern vor allem darum, endlich auszuspannen, all das zu tun, was sie einige Zeit vermisst haben und was sie als ihre besonderen Bedürfnisse definieren. Die Individuen schauen auf sich selbst und ihre Bedürfnisse, blenden aus, was sonst gerade an der Tagesordnung ist, handeln als Singularitäten, indem sie sich etwas Besonderes gönnen. Der Zustand, in den sie sich hineinbegeben, beinhaltet eine gewisse Form der Weltlosigkeit.

Arendt erweist sich tatsächlich immer wieder als Stichwortgeberin für weiterführende Diskussionen und Erörterungen, die unsere Gegenwart zu erhellen vermögen.

Menschen äußern sich, monologisch oder dialogisch. Kommunikation ist ohne Sprache nicht denkbar. Im Zusammenhang der Erörterung von Kommunikation soll zunächst nur der Aspekt des Miteinander-Sprechens in der direkten Begegnung von Menschen in den Blick genommen werden. Andere Möglichkeiten von Sprechen beziehungsweise Sprache bleiben der späteren Auseinandersetzung vorbehalten.

Für Hannah Arendt ist das aktuelle Gespräch grundsätzlich geknüpft an ein »Worüber«. Miteinander sprechen heißt für sie immer über etwas sprechen. Im »Über« jedes Miteinander-Sprechens wird deutlich, dass wir als Sprechende in einer gemeinsamen Welt leben. Es geht also im Gespräch nicht schwerpunktmäßig darum, die eigene Person in den Vordergrund zu stellen, sich selbst als Individuum kenntlich zu machen und auszudrücken. Es geht um eine »Sache«. Im Sprechen über eine bestimmte Sache wird der Weltbezug des und der Sprechenden erfahrbar. Die ursprüngliche Weltbezüglichkeit des Menschen wird erfahrbar.

Jaspers hingegen legt den Schwerpunkt auf die Bewegung von Sprechen und Zuhören und führt aus, dass die ins Gespräch über etwas Vertieften erst auskundschaften müssen, was sie überhaupt meinen. Vorurteile und Sophismen aller Art sind zu vermeiden. Jaspers lenkt den Blick auf die Sprechenden. »Bei jeder Diskussion, sowohl bei der nur sachlichen ohne Einsatz des Selbstseins wie bei der von existentieller Möglichkeit getragenen, ist eine Voraussetzung das wirkliche Dabeisein der Diskutierenden.«[13] Das von Jaspers gemeinte »wirkliche Dabeisein« beinhaltet größtmögliche Bereitschaft zu hören, Urteile zu revidieren, neue Urteile zu fällen. Nicht der Weltbezug der Einzelnen zählt vor allem, sondern die

Haltung, die man gegenüber sich selbst und der eigenen Meinungsbildung einnimmt.

Was für Arendt und Jaspers gleichermaßen gilt, ist die Abwehr alles Starren, von vornherein Festgelegten. Am wichtigsten ist für beide der Gesprächsvollzug, die Praxis eines nach allen Seiten offenen Sprechens.

Karl Jaspers sämtliche Schriften sind eine Einladung zur Kommunikation. In einem Gespräch mit Thilo Koch aus dem Jahr 1960 sagt Jaspers, seine Schriften »wollen meditierend in dem Leser, der mitmeditiert, eine Verfassung zum Bewusstsein bringen, die er von vornherein schon mitbringt, nur nicht klar, eine Verfassung, die es ihm ermöglicht, in den konkreten Situationen sich in der Kontinuität eines Lebens zu verwirklichen.«[14]

Die Leserinnen und Leser vollziehen den meditierenden Charakter der Texte mit und kommunizieren auf diese Weise auch mit dem Autor. Diese Art der Kommunikation bringt in den Leserinnen und Lesern etwas zu Bewusstsein, was bisher eher undeutlich vorhanden war. Jaspers schreibt nie für sich. Er hat immer seine Leserinnen und Leser im Blick beziehungsweise er denkt und schreibt auf sie hin. Dies ist auch interessant im Hinblick auf die Tatsache, dass er als lebenslang kranker Mensch auf viele Möglichkeiten direkter Kommunikation verzichten musste. Sein realer räumlicher Radius war stark eingeschränkt. Umso weiter war der kommunikative Horizont, den er sich schreibend erschaffen hat. Hier liegt ein großer Unterschied zu Hannah Arendt, die nicht nur viele und weite Reisen unternommen hat, sondern auch im Alltagsleben nicht gerade häuslich genannt werden kann. Wann immer es möglich war, suchte und fand sie den konkreten Kontakt zu anderen Menschen.

Was für Erkenntnisse gewinnen wir, wenn wir diejenigen in den Blick nehmen, die mit Jaspers und Arendt kommunikativ zu tun hatten, freundschaftlich, beruflich oder auf andere Weise? Was für ein Bild hatten die anderen, Freunde, Bekannte, akademische Kollegen und Kolleginnen von Arendt und Jaspers? Wie wurden sie wahrgenommen, welche Erfahrungen haben andere Menschen mit ihnen gemacht?

Wilhelmine Drescher, eine Schülerin von Karl Jaspers in den Jahren 1933-1937, erzählt, Jaspers Unterricht habe immer auf das »innere Handeln« gezielt. In der Analyse philosophischer Texte sei man auch menschlich klarer geworden. Damit ist genau das ausgesprochen, was Jaspers selbst als Charakteristikum von Kommunikation bezeichnet hat. Auch eine andere Studentin Karl Jaspers', Maria Salditt, betont die Bedeutung der philosophischen Haltung für Jaspers, die sich täglich zu bewähren hatte. Nie ging es nur darum, philosophische Texte analysierend zu verstehen. Immer war der ganze Mensch beteiligt. Der Psychiater Kurt Kolle, der Jaspers 1926 kennenlernte, spricht von der »geistigen und persönlichen Kommunikation«, die er über vierzig Jahre hinweg erleben durfte. Ein nicht zu unterschätzendes Detail sei in diesem Zusammenhang genannt: Wie bei vielen anderen Freunden und Bekannten Jaspers' wird auch hier immer wieder die starke geistige Präsenz von Gertrud Jaspers hervorgehoben. Kolle bezeichnet sie als »streitbare Gesprächspartnerin«. Gertrud Jaspers ist also keineswegs lediglich für das leibliche Wohl der Gäste zuständig. Oft beteiligt sie sich am Gespräch und scheut ganz offenbar die Widerrede nicht.

Franz Xaver Eri, der Jaspers in Basel hörte, sagt:

> Man hörte dann seinen leisen Vortrag – die pointierte, beinahe mathematisch klare Formulierung, mit norddeutschem Nachklang – und die große, hehre Erscheinung des Philosophen, der in der gemessenen Gültigkeit seiner Rede wie ein unverrückbarer Fixpunkt wirkte.[15]

Eine Rede, die zum kommunikativen Mitdenken herausfordert.

Seit 1962 ist Hans Saner persönlicher Assistent von Karl Jaspers. Er bekommt schließlich sogar ein Arbeitszimmer in Jaspers Haus und besucht ihn fast täglich. So lernt er ihn immer besser kennen. Für die Gesprächsatmosphäre im Hause Jaspers hat Saner einen prägnanten Ausdruck gefunden: »…eine schöne Atmosphäre der Schonungslosigkeit«[16]. Und genau dies gilt in hohem Maß auch für die Gesprächskultur zwischen Jaspers und Arendt. Ihr Umgang kann durchaus schonungslos genannt werden in dem Sinn, dass alles offen gesagt werden durfte, nichts unter den Teppich gekehrt wurde und beide von der Bedeutung der zu besprechenden Sache überzeugt waren. Weiterhin und die erste Äußerung bestärkend sagt Saner über Jaspers:

> Er zeigte dabei bis ins hohe Alter eine ungebrochene Kraft der Empörung, eine Intensität des Hörens und Erstaunens, für die das Denken jeden Tag neu zu beginnen schien, und eine noble Munterkeit, die zwar auf die Schwächen des Partners aufmerksam machte, aber sich doch nur für die Stärke im gegenseitigen Argument wirklich interessierte.[17]

Nie ging es ihm darum, die Gesprächspartner zu isolieren, mundtot zu machen, zu überflügeln in der Kraft der Argumente. Die Gesprächsatmosphäre ist immer »schön«.

Empörung und Schonungslosigkeit sind auch Hannah Arendt nicht fremd. Das erfährt jeder, der mit ihr zu tun hat. Auch sie ist stark in der Widerrede, im streitbaren Gespräch, in der Offenlegung aller Argumente.

Wie wurde Arendt als Lehrende wahrgenommen?

Jerome Kohn, Leiter des Hannah Arendt Archives der New School for Social Research und Verwalter von Arendts Nachlass, betont, die wesentliche Erfahrung, die er als Student Hannah Arendts machte, sei die Praxis eines unablässigen Fragens gewesen. »Dies zeigte sich, als wir Platon lasen, denn wie Sokrates veranlasste sie die Studenten zu Antworten, die ihrerseits zu schwierigeren Fragen führten, dann zu komplizierteren Antworten, aber nicht zu endgültigen Ergebnissen.«[18]

Kohn spricht auch von einer »Erotik des Lernens«, einer »gemeinsamen Anstrengung unter möglichen Freunden«. All diese Äußerungen weisen in die Richtung eines kommunikativen Lernens, in dem der Gegenstand, den es zu befragen gilt, das Zentrum bildet. Als verbindendes Element fungiert das gemeinsame Fragen. Bezüglich der großen Begabung Hannah Arendts für die Freundschaft sagt Kohn: »Karl Jaspers war für sie, glaub ich, das Modell für Freundschaft schlechthin.«[19]

Einen Unterschied gibt es allerdings zwischen dem kommunikativen Lernen bei Arendt und bei Jaspers. Das nachdenkende Fragen mit Arendt verlangt stets auch eine Art Sprung: aus der Kontinuität des eigenen Lebens in den Raum des Denkens, der als eine Lücke zwischen Vergangenheit und Zukunft bezeichnet werden kann. Es wurde immer wieder betont, dass man Hannah Arendt beim Denken zuschauen konnte. Auch in ihrem Fernseh-Interview mit Günter Gaus lässt sich das wunderbar beobachten. Man hat den Eindruck, eine Bühne würde sich öffnen, auf der das Schauspiel des Denkens zu erleben ist. Als Zuhörer*in beziehungsweise Zuschauer*in fühlt man sich herausgehoben aus dem normalen Alltagsvollzug. Als habe man den Alltag abgestreift und tauche ein in einen unaufhaltsamen Strom aus Fragen, Antworten, Fragen. Während des gesamten Gesprächs verlassen beide Gesprächspartner diese Bühne nicht.

Eine Erschwerung der Kommunikation findet bei Arendt immer dann statt, wenn sie es mit Menschen zu tun hat, die ihr eine unecht wirkende, gestelzte Intellektualität vor sich her zu tragen scheinen, mit der sie angeben, wortreich auftreten, ohne substantiell etwas zum Gespräch beizutragen. Als Paradebeispiel kann Theodor W. Adorno gelten, mit dem Arendt ganz und gar nichts anfangen konnte. Das betrifft nicht nur die Person, sondern auch das

Werk des Philosophen. Nichts an seinen Schriften erscheint ihr »glaubwürdig«. An Jaspers schreibt sie im April 1966 bezüglich Adorno von einem »Durcheinander des Beliebigen«. Hat Arendt einmal ein solch hartes Urteil gefällt, ist es schier unmöglich, sie umzustimmen. Und wenn ihr eine Person von Grund auf verhasst ist wie zum Beispiel Elfride Heidegger, dann unternimmt sie auch nicht den zartesten Versuch, zu verstehen, was diesen Menschen antreibt. Auch und gerade beim Prozess gegen Adolf Eichmann betrachtet Arendt alle Protagonisten mit einem schonungslosen Blick. Über Staatsanwalt Gideon Hausner schreibt sie, er rede ohne Punkt und Komma und tue gelehrig, wie ein Schüler, der sein Wissen immer zeigen müsse. Den Verteidiger Dr. Servatius vergleicht sie mit Figuren, die in Bildern von George Grosz vorkommen.

Hannah Arendt sucht sich die Leute aus, mit denen sie ins Gespräch treten möchte.

Für Jaspers sind die Möglichkeiten, sich anderen gegenüber extrem streitbar zu zeigen, schon aufgrund seiner gesundheitlichen Situation beschränkt. Und so lädt er gern Menschen ein, von denen er weiß, dass sie Garanten für anregende Gespräche sind. Wenn er einmal zu einem Menschen ja gesagt hat, kann er nicht mehr nein sagen. Kommt es zum Bruch, leidet er.

Eine besondere Form der Kommunikation pflegen Arendt und Jaspers in ihren Ehen.

Hannah Arendt lernt Heinrich Blücher im Frühling 1936 in Paris kennen. Beide sind auf der Flucht vor den Nazis. Arendt ist zu dieser Zeit noch mit Günther Anders verheiratet. Nach ihrer Scheidung heiraten Arendt und Blücher im Januar 1940. Schon im September 1937 schreibt Arendt an Blücher, wie gut es sei, dass sie wisse, wie sie zu ihm gehöre. Und im gleichen Monat, genauer am 18. September 1937 schreibt sie:

Hannah Arendt, nach ihrer Emigration in die USA, um 1943

> Immer noch scheint es mir unglaubhaft, daß ich beides habe kriegen können, die große Liebe und die Identität mit der eigenen Person. Weiß aber nun endlich auch, was Glück eigentlich ist.[20]

Das intensive Dauer-Gespräch mit Blücher auf der Basis einer innigen Verbundenheit bildet das Zentrum von Arendts Leben von 1936 an bis zu Blüchers Tod am 31. Oktober 1970. Dass sie durch ihren Mann politisch denken gelernt habe, gehört zu ihren persönlichen Grundeinsichten. Und nicht nur dies: auch »historisch sehen« habe sie Blücher zu verdanken. Im Januar 1946, in einem ihrer ersten Briefe nach dem Krieg, berichtet sie Karl Jaspers zum ersten Mal von ihm.[21]

Zeitlebens hatte Arendt Angst davor, irgendwo in der Welt verloren zu gehen. Das mag seltsam klingen bei einer Frau, die derart exponiert in der Öffentlichkeit stand und direkt und unverblümt ihre Meinung zu Zeitfragen kundtat. Aber sie hatte allzu früh den Vater und Großvater verloren und erlebte zudem in der Zeit des Nationalsozialismus, was es heißt den Boden unter den Füßen weggezogen zu bekommen. Das Leben war für sie zu einer mehr als fragilen Angelegenheit geworden. Ohne liebe Menschen um sie herum erschien es ihr sinnlos.

> Lieber Liebster – wie ich auf Deinen Brief gewartet habe, kannst Du dir gar nicht vorstellen. Das ist das Band, das mir immer wieder klarmacht, daß ich nicht verlorengehen kann. Denn wenn Du nicht da bist, bin ich gleich wieder so verletzbar wie früher.[22]

Dass Menschen einander brauchen, um zu einem Bewusstsein ihrer selbst zu kommen: In der Ehe mit Heinrich Blücher erlebt Arendt leibhaftig, was für sie philosophisch schon lange evident erschien. Das Gefühl des Fremdseins auf der Erde begleitet sie, sie wird es nie ganz los, aber in ihrer Beziehung zu Blücher vermag sie dies Fremdsein wenigstens teilweise abzustreifen und sie erfährt die Möglichkeit, die ganz eigene Welt zwischen sich und ihrem Mann zu bewohnen. Einmal nennt sie Blücher sogar ihre »vier Wände«. Nach Blüchers Tod schreibt Arendt in einem Brief an Martin Heidegger:

> Zwischen zwei Menschen entsteht manchmal, wie selten, eine Welt. Die ist dann die Heimat, jedenfalls war es die einzige Heimat, die wir anzuerkennen bereit waren.[23]

Genau diese Art von Weltbezug braucht Arendt. Ihre Heimat ist nicht das einsame Denken (wie bei Heidegger). Ihre Heimat ist auch nicht ein Land, eine Stadt, der Wald oder das Meer, sondern sie befindet sich inmitten der Welt, die ihre Ehe mit Blücher für sie eröffnet.

»Daß ich für Gertrud stehe und sie für mich steht, das ist unser einziger Schutz in dieser Welt.«[24] So schreibt Karl Jaspers am 16. November 1940 in sein Tagebuch. Er kann es nicht ertragen, dass seine jüdische Frau sich mit dem Gedanken trägt, allein zu sterben im Angesicht der Gefahr, in der sie in Nazi-Deutschland lebt. Jaspers fühlt sich mit seiner Frau in vielerlei Hinsicht verbunden. Vor allem aber ist es die Philosophie, die für beide Zentrum des Lebens geworden ist.

> Meine Philosophie ist wohl im Begrifflichen von mir ausgearbeitet. Aber in der Substanz ist sie uns gemeinsam. An die entscheidenden Punkte wäre ich ohne Gertrud nicht gelangt. Gertrud brachte mich vor das Äußerste, wenn ich aus konservativen Neigungen an den Grenzen zum Harmonischen neigte. Sie wehrte ab, wenn ich bequem werden wollte. Ihre Liebe erhob zugleich die unerfüllbaren, nie Ruhe lassenden Ansprüche.[25]

In großer Ehrlichkeit und mit einer Portion Selbstkritik weist Jaspers hin auf die überragende Rolle, die seine Frau bei der Ausarbeitung seiner Philosophie spielt. Die Form der Kommunikation zwischen Jaspers und seiner Frau hat in dieser Hinsicht eine große Ähnlichkeit mit der Gesprächsintensität und der sachlichen Ausrichtung bei Arendt und Blücher. Wenn Arendt betont, sie habe bei ihrem Mann politisch denken gelernt, so deutet das auf eine sehr stark thematisch ausgerichtete Gesprächskultur hin. Auch wenn Jaspers nicht dezidiert davon spricht, dass er und Gertrud in einer eigenen Welt leben, so könnte man mit Arendts Worten genau dies konstatieren. Die Beziehungen beider Ehepaare eröffnen jeweils eine Welt, die Heimat sein kann und Raum bietet für philosophische oder politische Gespräche. Beide Paare verharren nicht im privaten Bereich, sondern öffnen sich in die Welt hinein, was vor allem vor dem Hintergrund der Erfahrungen mit dem Nationalsozialismus beeindruckt. Außerdem ist Jaspers aufgrund seiner lebenslang gesundheitlich fragilen körperlichen Verfassung an Ort und Wohnung gebunden. »Reisen sind bis ins einzelne vorher vorzubereiten, um für den Körper anstrengende Situationen zu vermeiden: Das Reisen als solches ist schon fühlbar anstrengend.«[26] Das verhält sich im Fall von Arendt und Blücher ganz anders: Beide können reisen und tun dies ausgiebig. Und dennoch erleben beide Paare ihre kommunikative Beziehung ganz ähnlich. Was Kommunikation leisten kann, lässt sich an diesen Ehepaaren deutlich ablesen: Eröffnung eines Raumes, der Welthaltigkeit besitzt, verbunden mit der Erfahrung der Einzelnen, ein Selbst zu haben, ein starkes Individuum zu sein.

Der Philosoph und die Denkerin

Im Fernsehinterview mit Günther Gaus aus dem Jahr 1964 betont Hannah Arendt, sie gehöre nicht in den Kreis der Philosophen und fühle sich nicht als Philosophin. Immerhin aber währt das intensive, auch philosophische Gespräch mit Karl Jaspers zu diesem Zeitpunkt schon zwanzig Jahre. Hannah Arendt aber gibt an, ihr Gebiet sei zunächst einmal die Politische Theorie. Kann man diese so selbstverständlich vorgetragene Selbsteinschätzung einfach so stehenlassen?

In den Jahren 1973/74 hält Hannah Arendt im Rahmen der Gifford Lectures an der University of Aberdeen Vorträge mit dem Titel *Vom Leben des Geistes*. Hierin geht es zunächst um »Das Denken« und dann auch um »Das Wollen«. Die Freundin Mary McCarthy hat das Manuskript zur Veröffentlichung vorbereitet. 1979 kam es zum ersten Mal in einer deutschsprachigen Version im Piper Verlag heraus. Ihrer Einleitung hat Arendt ein Zitat aus Martin Heideggers Schrift *Was heißt Denken* vorangestellt:

Das Denken führt zu keinem Wissen wie die
Wissenschaften
Das Denken bringt keine nutzbare
Lebensweisheit
Das Denken löst keine Welträtsel
Das Denken verleiht unmittelbar keine
Kräfte zum Handeln[1]

Hannah Arendt möchte nicht Philosophin genannt werden, behandelt aber, vor allem in ihrer Spätzeit, das Denken als eines ihrer zentralen Themen. Außerdem tritt sie lebenslang immer wieder ins denkende Gespräch mit den großen Philosophen, so zum Beispiel Pythagoras, Epiktet, Augustin, Sokrates, Platon, Aristoteles, Thomas von Aquin, Kant, Hegel, Nietzsche, Sartre und anderen. Das Denken charakterisiert Arendt mit dem Ausdruck »absolute Wachheit«. Und wer würde nicht konstatieren wollen, dass sie selbst in jeder Hinsicht als absolut wach bezeichnet werden kann. Und so schreibt die Denkerin Arendt häufiger über das Denken als über das Philosophieren und deutet das Philosophieren vom Denken her. Im Dezember 1959 nennt sie Philosophie das »freie Denken«, bringt also beide Möglichkeiten des Nachdenkens in eine unmittelbare Nähe zueinander. Im November 1969 schreibt sie: »Beginnt die Philosophie mit dem Denken, das aus dem Staunen aufsteigt, oder mit dem Denken über das Denken?«[2] Solche Sätze zeigen, wie differenziert, wie vertrackt manchmal auch, das Denken Hannah Arendts ist. Ihre Begrifflichkeit ist eine bewegliche, sich im Fluss befindliche. Nie kann man sagen, wie genau sie etwas definiert, ja ob es ihr überhaupt darauf ankommt, etwas in einer Definition festzulegen. Denn wenn die Philosophie mit dem Denken über das Denken beginnt, dann ist Arendt eine Philosophin. Ihr eigenes Denken über das Denken intensiviert sich im Lauf der Jahre, rückt immer mehr ins Zentrum ihrer Auseinandersetzungen. Spätestens seit ihrem Buch über den Eichmann-Prozess ist das Denk-Phänomen zum Kern ihres eigenen Nachdenkens – oder soll man sagen Philosophierens? – geworden. Natürlich ist sie auch eine Philosophin, auch wenn sie im Interview mit Gaus so provokativ betont, es nicht zu sein. In der Form eines Denkens über das Denken nennt Arendt die Philosophie auch »Spezialfall des Denkens«. Die Philosophie sei als dieser Spezialfall an Resultaten interessiert und also kein reines Denken. Das menschliche Bedürfnis zu denken wird von Arendt als zum Menschsein gehörig betrachtet. Es ist so alt wie die Menschheit selbst, konstatiert Arendt. Aus diesem Bedürfnis zu denken heraus wurde die Philosophie geboren. Zu beachten ist, dass Arendt sich immer wieder abgrenzt gegen die »Denker von Gewerbe«, wie sie es nennt. Denken ist für sie eine viel zu menschliche Angelegenheit, als dass es den Berufsdenkern überlassen werden sollte.

Besonders spannend ist Arendts Idee eines alterslosen denkenden Ichs. Die Denk-Erfahrung ist zeitlos, weil der denkende Mensch aus dem Zeitkontinuum heraustritt. Ebenso werden räumliche Entfernungen aufgehoben. In ihrem Nachdenken über das Denken geht Arendt aber nicht so weit wie Heidegger, der in einem Vortrag aus dem Jahr 1964 vom Ende der Philosophie und der Aufgabe des Denkens gesprochen hat. Für Heidegger ist es die Aufgabe des Denkens, die Philosophie und das heißt für ihn die Metaphysik zu überwinden. Für Hannah Arendt ist die Philosophie eine besondere Art des Denkens.

An dieser Stelle lässt sich der maßgebliche Unterschied zu Karl Jaspers' Vorstellung vom Denken festmachen. Er nimmt gar nicht so sehr den Denkprozess in den Blick, er ist für ihn zweitrangig. Für ihn hat nicht das Denken den Charakter der Zeitlosigkeit, sondern diese Eigenschaft gebührt dem »gemeinten Sinn gültiger Wahrheit.«[3]

»Im Denkakt als solchem weiß ich, dass ich bin: im Denken bin ich mir meines denkenden Daseins bewusst.«[4] Das Dasein des Denkens ist einfach da und will nicht näher befragt werden. Die Philosophie ist für Jaspers insofern ein besonderes Denken, als sie dem Sinn oder dem »Umgreifenden«, wie Jaspers es nennt, die Möglichkeit eröffnet, sich selbst hell und durchsichtig zu werden. »Das bewusste Philosophieren denkt das Umgreifende. Das Umgreifende, als ein Gewusstes im Objekt der Forschung nicht fassbar, erhellt sich durch Philosophieren.«[5] Jaspers Blick ist auf das Zu-Denkende gerichtet, nicht so sehr auf das Denken als solches. Den reinen Denkzustand Hannah Arendts, das »Tantot je pense, tantot je suis«, von dem auch Paul Valéry spricht, kennt Jaspers nicht. »Im Umgang mit allem, was ist, zeigt sich dem Philosophierenden die Wahrheit auf dem Wege der Kommunikation der Denkenden und des Durchsichtigwerdens seiner selbst.«[6]

Hier ist es wieder, das Grundwort von Karl Jaspers: Kommunikation. Das Denken hat nicht wie bei Hannah Arendt die »Farbe des Todes«, was diese positiv deutet. Der philosophierende Mensch tritt nicht heraus aus den Welt- und Menschenbezügen.

Hannah Arendt definiert das reine Denken als Sprechen mit sich selbst. Und auch das unterscheidet ihre Ansicht von der Karl Jaspers, für den Denken immer Mitteilung ist, aber nicht vorrangig mir selbst, sondern vor allem dem oder der anderen gegenüber. Ihm ist das Entweder-Oder, das »Ich bin« oder »Ich denke« fremd. Karl Jaspers Denken oder Philosophieren ist immer im Hier und Jetzt verankert und ist ein Sich-Mitteilen über etwas. Jaspers Denken ist die Rede immanent. Das ist bei Arendt ganz anders: Für sie bringt die Rede den Gedanken aus der Ort- und Zeitlosigkeit des Denkens zurück in den Bereich des Miteinander. Hier besteht dann auch die Möglichkeit der »Subjekt-Objekt-Spaltung«, die im reinen Denken keinen Platz hat. Nach Karl Jaspers aber entrinnen wir der Subjekt-Objekt-Spaltung nie. Er deutet diese von ihrem positiven Aspekt her.

> Die Spaltungen in Subjekt und Objekt, in Einzelnes und Allgemeines, in Vielheit und Einheit sind derart, daß sie einerseits niemals wirklich aufhebbar sind, und daß andererseits der Zerfall des Gespaltenen in beziehungsloses Auseinander je beide in nichts versinken läßt.[7]

Dennoch erkennt auch Jaspers den schwebenden weiten Charakter des Denk-Raums, der für ihn ein philosophischer Raum ist, an.

Die Titel zentraler philosophischer Werke von Jaspers und Arendt machen den Unterschied noch einmal deutlich. 1947 erscheint Karl Jaspers Werk *Von der Wahrheit*. Hannah Arendts 1973/74 in Aberdeen gehaltene Vorlesungen erscheinen posthum unter dem Titel *Vom Leben des Geistes*. Bei Arendt wird dem Denken selbst als einer Tätigkeit die größte Aufmerksamkeit geschenkt. Bei Jaspers ist es letztlich das, worum es dem Denken oder in seinem Fall besser dem Philosophieren geht: um die Wahrheit. Die Wahrheit ist das Erste und Letzte. Bei Arendt steht im Vordergrund, dass wir Menschen als Menschen denkende Wesen sind und dies Denken in all seinen Facetten, Möglichkeiten, Wegen und Irrwegen will sie aufzeigen. Jaspers Anliegen ist es, die Möglichkeiten des Philosophierens für ein Hellwerden von Wahrheit aufzuzeigen.

Sowohl bei Arendt als auch bei Jaspers besteht eine lebenslange Auseinandersetzung mit der Geschichte der Philosophie. Der grundlegende Text zum Thema von Karl Jaspers ist sein Buch *Die großen Philosophen* aus dem Jahr 1957. Hannah Arendt nennt es ein »wirkliches Lehrbuch«. Arendt fühlte sich nicht vorbereitet auf ein solches Buch und sie nennt es das erste Lehrbuch der Philosophie, das jemals geschrieben worden sei. »Das Faszinierende des Buches ist vielfach, aber weitgehend der Darstellung geschuldet, die den Leser zwingt, mit dem Philosophen die Probleme zu erörtern, in ihrem Hin und Her der Gedankenwege und dem Für und Wider der Argumentation.«[8] Man sei als Leser »mitten in der Sache selbst«. In Arendts Augen ist Jaspers Buch von einer »unüberbietbaren Originalität«. Die Denkbewegung wird von ihr als das Entscheidende angesehen und sie lobt Jaspers Ansatz, der seine Aufgabe nicht darin sieht, Doktrinen oder Lehrmeinungen zu verkünden.

Eine vorsichtige Kritik kann sich Arendt jedoch nicht verkneifen und es könnte bei näherem Hinsehen sogar vielleicht noch etwas mehr dahinterstecken, was sie aber nicht direkt ausspricht. Es geht um Jaspers Darstellung von Augustinus, den Arendt selbst in ihren Texten häufig zu Wort kommen lässt. Dass Augustinus bei Jaspers verhältnismäßig »schlecht wegkommt«, liegt Arendt zufolge daran, dass Jaspers so viel über diesen Philosophen weiß. Er hatte ja auch ihre Dissertation über Augustin betreut.

Jaspers sieht den entscheidenden Impuls für die Entwicklung von Augustins Denken in dessen Bekehrung. »Die philosophische Leidenschaft verwandelt sich in Glaubensleidenschaft.«[9] Jaspers ist der Meinung, Augustin nutze alle Möglichkeiten, um auf dem Wege des Denkens Gott nahe zu kommen. Die Begeisterung für die Philosophie, die den frühen Augustinus antrieb, ist nach Jaspers Meinung im Laufe seines Lebens immer schwächer geworden und am Ende war das biblisch-theologische Denken das eigentlich Antreibende. Allerdings setzt Jaspers in seiner Auseinandersetzung mit Augustin Philosophie in eins mit Rationalität. Für den jungen Augustin habe das rationale Denken ausdrücklich die größte Bedeutung gehabt. Und dies rationale Denken wurde, so Jaspers Analyse, im Lauf der Jahre in die Ecke gedrängt durch den Glauben beziehungsweise die Theologie.

Arendt deutet das Verhältnis von Philosophie und Glauben bei Augustin anders als Jaspers. »Er wurde der erste christliche Philosoph, weil er sein ganzes Leben lang an der Philosophie festhielt.«[10] Das, was Augustin angetrieben hat, ist nach Arendt eben gerade nicht der Glaube gewesen, sondern die Faszination für das philosophische Denken und er hat es als gläubiger Christ geübt. Arendt nähert sich Augustin über die Beschäftigung mit seinem Werk, und nicht über dessen Biografie. So führt sie vor allem auch die Analysen des Zeitbegriffs im 11. Buch der *Confessiones* an, denn dort erleben wir einen Philosophen, der den Rätselcharakter der Zeit verbindet mit der Entdeckung seines inneren Lebens, wie es keiner vor ihm tat. In seinem Philosophieren wird Augustin sich selbst zur Frage und er hält diese Frage sein Leben lang offen. Auch in seiner letzten großen Abhandlung, dem *Gottesstaat,* ist der Mensch in seiner Beziehung zur Zeit ein großes Thema. Augustinus fragt, warum Gott den Menschen »in der Zeit« geschaffen hat. »Und Augustinus unterscheidet diese Schaffung des Menschen durch das Wort ›initium‹ von der Schaffung von Himmel und Erde, die er ›principium‹ nennt.«[11] Bereits in der *Vita activa* setzt sich Arendt mit dem augustinischen Gedanken auseinander, dass Gott den Menschen geschaffen habe, damit ein Anfang sei. Denn vor der Erschaffung des Menschen war nicht das Nichts, sondern das Niemand, führt sie aus. Indem Gott den Menschen, einen Jemand also, geschaffen hat, kam die Möglichkeit des Anfangen-Könnens in die Welt und damit die Freiheit der Spontaneität. Gerade hierin zeigt sich aber für Arendt Augustins Originalität als Philosoph, der seine Begeisterung für die Philosophie nicht dem Glauben untergeordnet habe. Und so kann sie das Urteil von Karl Jaspers »ungerecht«, aber dennoch auch »herrlich erfrischend« nennen, allein schon, weil es etwas Herrliches ist, wenn jemand überhaupt urteilt. Arendt zieht ein vielleicht ungerechtes Urteil jeder Form von Ehrfurcht vor den »großen Philosophen« vor. Arendt spricht dem Buch eine »wunderbare Freiheit der Gesamtatmosphäre« zu. Und so wird auch jetzt wieder etwas sichtbar von der Besonderheit dieses freundschaftlichen Gesprächs zwischen Jaspers und Arendt. Beide gehen das Wagnis des Urteilens ein. Und längst nicht immer sind sie einer Meinung. Implizit kritisiert Arendt hier vielleicht auch ganz grundsätzlich Jaspers stark biografisches Vorgehen, vor allem bei Augustinus.

Einen Text allerdings bewundert Arendt in Jaspers Buch über die Großen Philosophen vorbehaltlos:

> …ich bin doch ziemlich sicher, daß das eigentliche Zentrum die herrliche Kant-Analyse ist. Wenn Sie einmal in die Himmel kommen, und es geht da so zu, wie Sokrates es sich vorgestellt hat, daß man nur fortfährt, sich zu unterhalten, aber nun mit den Besten aller Zeiten, dann wird der alte Kant sich zu Ihren Ehren vom Sitz erheben und Sie umarmen. Den hat noch keiner so verstanden wie Sie.[12]

Das muss Karl Jaspers große Freude bereiten, denn er selbst sieht sein Kant-Kapitel als das schwierigste des gesamten Buchs an. Es sei sehr viel Geduld aufzubringen, um etwas zu verstehen. Für Jaspers ist es unumgänglich, sich als philosophisch interessierter Mensch mit Kant zu befassen. Bei ihm könne gelernt werden, was Kritik heißt. Man sollte sich allerdings nicht für immer niederlassen im kantischen System, sondern mit ihm an der Seite denkerisch auf dem Weg bleiben. Womit das angesprochen ist, was Arendt und Jaspers in philosophiegeschichtlicher Hinsicht am stärksten verbindet: Beide eignen sich die Tradition nicht an, indem sie Lehrmeinungen zitieren, sondern in einem permanenten Unterwegssein die jeweilige Denkbewegung nachvollziehen, die großen Systeme aufbrechen, ins Gespräch treten mit den Gedanken großer Denker. »Ihre Bedeutung erfahren wir erst in unserem Verhalten zu ihnen.«[13] Was Jaspers hier feststellt, gilt genauso für Arendt. Interpreten vollziehen Denkvorgänge eigenständig. Etwas ein für alle Mal Gedachtes gibt es nicht.

Hannah Arendt selbst hat kein Buch über die »Großen Philosophen« geschrieben. Über große philosophische Themen aber hat sie sehr wohl und immer wieder geschrieben. Dies ist ein sehr interessantes Detail, eine kleine Verschiebung im Blick, ein über die jeweilige Denkerpersönlichkeit Hinausschauen. Wenn sie über das Leben des Geistes schreibt, dann schreibt sie nicht über geistig herausragende Persönlichkeiten, über große Philosophen. Im Mittelpunkt steht das Denken. In ihrem Buch *Vom Leben des Geistes* geht Arendt aus von der Frage nach Gut und Böse und schreitet weiter zu der Frage nach dem Denken, der Welt der Erscheinungen, der Metaphysik, nach Wissenschaft und gemeinem Verstand. In ihr eigenes Fragen nimmt sie die Denker aus der Philosophiegeschichte mit hinein, mit denen ihr ein fruchtbares Gespräch möglich scheint. Diejenigen, die ihr auf ihrem eigenen Denkweg begegnen, werden so zu Befragten und Antwortgebern. Sehr häufig trifft sie auf Kant, noch häufiger auf Sokrates, aber auch Platon, Husserl, Nietzsche, Thomas von Aquin und andere dienen als wichtige Stichwortgeber. Jaspers hat den Anspruch, den jeweiligen Philosophen in der Zwiesprache »gleichsam lebendig« zu machen.

Außerdem gibt er eine Charakteristik dessen, was für ihn die »Größe« der Großen Philosophen ausmacht. Genau das aber interessiert Arendt nicht. In ihrem Essayband *Menschen in finstern Zeiten* finden sich Porträts der Philosophen Karl Jaspers, Martin Heidegger und Walter Benjamin. Zentral ist aber für sie nicht deren so oder anders zu bestimmende »Größe«, sondern es geht ihr darum, zu zeigen, dass und wie sie ihre eigene Zeit erlebten oder noch erleben und dass sie sich in einer »finsteren Zeit« zurechtfinden müssen. Ihre Frage lautet: Wie positionieren sich Einzelne, in diesem Fall Philosophen, in ihrer Zeit, insofern als diese »finster« genannt werden kann. Sie versucht sich an einer fragenden Erhellung der finsteren Zeit. Erkenntnisse über eine bestimmte Phase innerhalb der Geschichte können gewonnen werden, indem untersucht wird, wie sich bestimmte, geistig aktive Menschen zur eigenen Zeit stellen, wie sie zurechtkommen oder auch nicht. Arendt geht dabei nicht so weit wie Jaspers, der schreibt:

> Sie stehen in der Zeit über der Zeit. Jeder, auch der Größte, hat zuvor seinen historischen Ort und trägt seine historischen Kleider. Das Kennzeichen der Größe aber ist, daß er nicht an sie gebunden scheint, sondern übergeschichtlich wird.[14]

Jaspers spricht von einem zeitlosen Sinn. Arendt wählt das Wort »Sturm«, um deutlich zu machen, dass durch das Denken bedeutender Denker etwas hindurchfährt, das seinen Ursprung im »Uralten« hat, das es nie vergisst und zu dem es zurückkehrt, wie sie in Anlehnung an Rainer Maria Rilke formuliert.

Die drei Philosophen, die Arendt in *Menschen in finsteren Zeiten* porträtiert, stehen ihr denkerisch und auch persönlich nahe. Es sind Karl Jaspers, Martin Heidegger und Walter Benjamin. Von Benjamin schreibt sie, er habe dichterisch gedacht, sei aber weder ein Dichter noch ein Philosoph gewesen. Er ist in ihren Augen einzigartig. Und wenn man Arendts Essay zu Benjamin liest, sucht man am Ende im Porträtierten auch nicht mehr einen Dichter oder einen Philosophen oder überhaupt eine Person, die sich in irgendeiner Weise festlegen ließe. Er dachte dichterisch. Und legt damit seinen Lesern einen Verständnisbrocken in den Weg. »Dies Denken, genährt aus dem Heute, arbeitet mit den ›Denkbruchstücken‹, die es der Vergangenheit entreißen und um sich versammeln kann.«[15]

Auch aus diesem Grund kann Jaspers monumentales Werk *Die großen Philosophen* nicht wirklich mit Arendts Ansatz verglichen werden. Arendts Interesse gilt, wie bereits ausgeführt, nicht den großen Philosophen, sondern großen Themen, auf die hin sie die Philosophen befragt. Und so gibt es in ihrem Buch *Vom Leben des Geistes* Kapitel mit den Überschriften »Platons Antwort und ihre Reflexe« oder »Die römische Antwort« oder »Die Antwort des Sokrates« oder »Hegels Lösung«.

In ihrem Buch *Menschen in finsteren Zeiten* setzt Arendt sich auch auseinander mit der Art und Weise, wie Jaspers mit den Inhalten der Philosophiegeschichte umgeht. »Das Gehäuse der traditionellen Autorität wird aufgebrochen, und die großen Inhalte der Vergangenheit werden frei und ›spielerisch‹ miteinander in Verbindung gesetzt durch das gegenwärtige lebendige Philosophieren, das mit ihnen kommuniziert.«[16] Das bedeutet auch, dass alles, was ich denke, im Gespräch bleiben muss mit allem, was gedacht wurde. Die Tradition kann keine Autorität beanspruchen. Hier kommt wieder die große Bedeutung der Kommunikation ins Spiel. Wahrheit im Sinne von Karl Jaspers ist nie dogmatisch, sondern kommunikativ. »Eine Philosophie, die Wahrheit und Kommunikation als ein und dasselbe fasst, hat den sprichwörtlichen Elfenbeinturm bloßer Betrachtung verlassen. Denken wird praktisch, wenn auch nicht pragmatisch; es ist eine Art Praxis zwischen Menschen, nicht die Verrichtung eines Individuums in seiner selbstgewählten Einsamkeit.«[17] Jaspers sei, so Arendt weiter, ihres Wissens der erste und einzige Philosoph, der gegen Einsamkeit protestiert habe. Es ist bezeichnend für diese Freundschaft, dass Arendt begeistert sprechen kann von Jaspers Ansicht der Philosophie, obwohl sie selbst einen anderen Begriff vom Denken hat. Hierin zeigt sich Arendts große Wertschätzung des Philosophen Karl Jaspers. Auch bei Arendt hat das Denken mit Kommunikation zu tun, allerdings zunächst einmal mit der Kommunikation zwischen mir und mir.

Arendt bringt die von ihr porträtierten Philosophen in ein Gespräch miteinander. Auch sie selbst hat eine Vorliebe für »Denkbruchstücke«. In ihren Auseinandersetzungen mit den Philosophen hebt sie diese ein Stück weit aus ihrer jeweiligen biografischen Verortung heraus. Sie bekommen etwas Schwebendes, weil ihre Gedanken gleichsam auf Flügeln miteinander kommunizieren. Sie umfliegen einander und es entsteht so ein intensives Gespräch. Das betrifft nicht nur ihre Essays aus *Menschen in finsteren Zeiten*, sondern all die Schriften, in denen es um Philosophie, ums Denken, Urteilen und Wollen geht. So ist es auch ein Stück weit besser zu verstehen, dass sie ihre persönliche Geschichte mit Martin Heidegger heraushalten kann aus der Beschäftigung mit seiner Art zu denken.

Arendt – Jaspers – Heidegger

Hannah Arendts Laudatio auf Karl Jaspers aus dem Jahr 1958 anlässlich der Verleihung des Friedenspreises des deutschen Buchhandels ist die hinreißende Rede einer Hingerissenen. Karl Jaspers wird darin sichtbar gemacht. Er erscheint. Er wird hörbar. Hannah Arendts Sätze beschwören die Anwesenheit des zu Lobenden. Es ist, als würde sie einen Hymnus anstimmen. In aller Öffentlichkeit. Und genau in dieser Form der direkten Ansprache des zu Lobenden bringt auch Hannah Arendt selbst ihre Person zum Erscheinen in dieser Rede. Sie versteckt sich nicht hinter dem Ausgesagten. Sie zeigt in Inhalt und Form und vor allem im Duktus ihres Sprechens ihre auch emotionale Verbundenheit mit Karl Jaspers. Diese Rede ist im Band *Menschen in finsteren Zeiten* abgedruckt, denn auch Jaspers Leben war ganz entscheidend verbunden mit den »politischen Katastrophen« und »moralischen Desastern« in der ersten Hälfte des 20. Jahrhunderts.

Arendt spricht davon, dass Jaspers im Reich der »humanitas« beheimatet sei. In diesem Reich aber sei man nie einsam, immer seien da andere mit anwesend. »Jaspers hat oft gesagt: ›Der einzelne für sich allein kann nicht vernünftig sein.‹ In diesem Sinne war er nie allein gewesen und hat auch nie sehr viel von der Einsamkeit gehalten. Die ›humanitas‹, die er gewährleistete, erwuchs ihm aus dem Raum, in dem sein Denken beheimatet ist, und dieser Raum war niemals unbevölkert.«[1]

Arendt nähert sich Jaspers also über den Begriff der Humanitas. Sie stellt damit den Freund sofort in einen Weltbezug. Und sie betont, dass die Metapher, die in Jaspers Werk durchgehend sei, das Wort »Helle« sei. »Was immer der Helle standhält, sich in ihrem

Licht nicht in Dunst auflöst, gehört hier zur ›humanitas‹; und die Verantwortung vor der Menschheit für jeden Gedanken auf sich nehmen heißt: in dieser Helle leben und in ihr sich und alles, was man denkt, bewähren.«[2]

Schon mit den ersten Sätzen ihrer Preisrede fühlt man sich hineingenommen in das Zwischen-den-beiden, das ihr Gespräch so lebendig und fruchtbar macht. Dies Zwischen ist die Welt und es ist in diesem Fall auch ein Zwischen der Freundschaft. Im öffentlichen Raum einer Preisverleihung spricht Hannah Arendt mit dem Freund. Hinter dem Rednerpult steht nicht ein Individuum, das ein vorgefertigtes Manuskript verliest, sondern eine Person, die sich ins Spiel bringt, indem sie einem anderen in ihrem Lob die Möglichkeit gibt, ebenfalls als Person zu erscheinen. Wir werden hineingenommen in den Prozess der Entstehung einer freundschaftlichen Lobrede. Hier wird nicht etwas nachgetragen, sondern vergegenwärtigt. Hannah Arendt eröffnet den Zuhörern und Zuhörerinnen einen Raum aktiver Anteilnahme.

Das Geheimnis beider und das Geheimnis ihrer Beziehung bleibt dennoch unangetastet. Nichts wird ans Licht der Öffentlichkeit gezerrt, was da nicht hingehört. Dass es auch einen privaten Anteil innerhalb dieser Freundschaft gibt, steht die ganze Zeit im Raum, schwingt zwischen den Worten als Unausgesprochenes mit.

In ihrem Vortrag zu Martin Heideggers 80. Geburtstag im Jahr 1969 im Bayerischen Rundfunk erhebt Arendt ihre Stimme nicht zum Hymnus. Es ist nicht der Vortrag einer Hingerissenen. Dennoch exponiert sie sich auch hier als Person. Auch in diesem Vortrag liest sie nicht etwas Vorgefertigtes ab. Aber Hannah Arendt tritt nicht ins Gespräch mit Heidegger, wie sie es mit Jaspers tut. Indem sie seinen »Wohnsitz«, wie sie es nennt, im Denken verortet, in einem Denken, das ein einsames Geschäft ist, gibt sie einen Hinweis darauf, dass es in diesem Vortrag nicht darum geht, die Person Heideggers, das »Wer er ist«, zur Erscheinung zu bringen.

Die »Humanitas« von Karl Jaspers ist der Einsamkeit des Denkers Heidegger entgegengesetzt. Auch wird in diesem Fall der Bereich zwischen den beiden, also zwischen Arendt und Heidegger, nicht Thema sein. Arendts Vortrag zu Heidegger ist eine Reflexion über das Ende der Metaphysik und den Anfang des Denkens. Indem sie über Heidegger spricht, ist sie gedanklich bei ihm, verweilt in seiner denkerischen Nähe. Was aber in diesem Fall fehlt, ist das »Zwischen«, das die Welt ist. Hannah Arendt schreibt über »Heideggers denkende Existenz«. Sie geht zwar kurz darauf ein, dass Heidegger den ihm angestammten Wohnsitz einmal für eine gewisse Zeit verlassen habe, aber sie biegt Heideggers Nähe zum Nationalsozialismus sehr schnell zurück auf sein Denken, indem sie sagt, er habe auf dieser Reise ins ihm eigentlich Fremde die »Entdeckung des Willens als des Willens zum Willen und damit als des Willens zur Macht« gemacht. Dies ist legitim, weil sich Hannah Arendt darauf beschränkt, über die Rolle des Denkens zu sprechen, über den Denk-Raum, in dem Heidegger ihrer Meinung nach beheimatet war. Alles, was außerhalb des Denk-Raums liegt, war nach Arendts Meinung für den Philosophen das Fremde. Auf seine »Ausflüge« in die Welt der alltäglichen Dinge und Verrichtungen der Menschen geht Arendt hier nicht ein. Ebenso kommt sie nicht auf den privaten Charakter ihrer Beziehung zu Heidegger zu sprechen. Er wird vorgestellt als der Denker des Denkens, den es zu seinem 80. Geburtstag zu ehren gilt.

Hannah Arendt selbst verortet das Denken auch im Rückzug aus der Welt, aber sie würde ihren Wohnsitz niemals in der Einsamkeit des Denkens sehen. Einsamkeit ist für Arendt die »Bedingung der Möglichkeit der Gemeinschaft«, weil ich in der Einsamkeit des Denkens die Begegnung mit mir als dem anderen realisiere. Zuhause zu sein in der Einsamkeit bedeutet aber, gerade nicht zu realisieren, dass ich mir selbst ein anderer bin und außer mir weitere andere sind, mit denen ich in einer Gemeinschaft lebe. Genau hier, in diesem Bereich sieht sie Heidegger. Das Anderssein der anderen, und zwar aller anderen, zu denen ich für mich selbst auch gehöre, hat er in Arendts Augen nie realisiert und nie bedacht. In Heideggers Briefen an Arendt wird das sehr deutlich. Er sieht sie immer in Bezug auf sich, er zieht sie in seinen Denk-Raum hinein, der auch sein Lebensraum ist. Er vermag es nicht, in ein Gespräch zu treten mit ihr über ihre Themen.

Am 22. Juni 1949 schreibt Martin Heidegger an Karl Jaspers:

> Die Wächter des Denkens sind in dieser steigenden Weltnot nur noch wenige; dennoch müssen sie gegen den Dogmatismus jeder Art ausharren, ohne auf Wirkung zu rechnen. Die Weltöffentlichkeit und ihre Organisation ist nicht der Ort, an dem das Geschick des Menschen*wesens* sich entscheidet. Man soll nicht über Einsamkeit reden. Aber sie bleibt die einzige Ortschaft, an der Denkende und Dichtende nach menschlichem Vermögen dem Sein bei-stehen. Aus dieser Ortschaft grüße ich Sie herzlich.[3]

Was hat ein herzlicher Gruß aus der einsamen Ortschaft des Denkens für eine Bedeutung? Wer grüßt da? Braucht ein Gruß nicht einen persönlich Grüßenden, einen Menschen, der sich zu erkennen gibt in seinem Gruß, zumal nach einer langen Zeit des Schweigens, die noch dazu eine düstere Zeit war, vor allem für einen der beiden, nämlich Jaspers? So würde jedenfalls Jaspers es deuten. Er geht auf Einzelheiten dieses Briefs nicht ein, auch auf die oben zitierten Sätze nicht. Sie müssen auf ihn ziemlich befremdlich wirken. Stattdessen betont er lediglich, dass er sich darüber freue, dass Heidegger ausspreche, dass ihre Beziehung dort, wo sie wesentlich war, »unangetastet« geblieben sei und dass er hoffe, dass dieser Satz »Folgen haben« möge. Jaspers bleibt bei der persönlichen Ansprache, bei den Resten von Kommunikation, die geblieben sind nach Krieg und Nazi-Herrschaft. Es ist nicht mehr als ein Strohhalm, an den Jaspers sich klammert und auch dieser wankt bedenklich, daran herrscht kein Zweifel. Es ist anzunehmen, dass Jaspers natürlich genau wahrnimmt, was Heidegger mit seinen Worten ausdrücken möchte. In seinem Brief tut der selbst ernannte »Wächter des Denkens« ganz unmissverständlich kund, dass es für ihn kein echtes Zwischen-den-Denkern geben kann. Jeder Denker von Rang ist für sich und existiert in der größtmöglichen Einsamkeit. Doch diese Vorstellung von einem wesentlichen Denken widerspricht Jaspers Idee von Philosophie vollständig. Er würde von sich niemals behaupten, ein Wächter des Denkens zu sein. Er sieht auch nicht die Notwendigkeit, dass die Philosophie überwunden werden müsse von einem Denken in dem von Heidegger gemeinten Sinn. Arendt drückt es so aus: »Der Philosoph – im Gegensatz zum Wissenschaftler – gleicht dem Staatsmann darin, daß er für seine Meinungen mit seiner Person haftet.«[4] Davon kann bei Heideggers Selbstwahrnehmung keine Rede sein. Allerdings sieht er sich selbst gar nicht mehr als Philosophen, sondern als Überwinder der Philosophie. Es geht ihm um ein Ende der Philosophie und einen Anfang des Denkens. Auf all das geht Jaspers nicht ein. In ihm ist der Wunsch vorrangig, irgendwie anzuknüpfen an das Gespräch der frühen Tage. Er sehnt sich nach einem Dialog von Angesicht zu Angesicht.

Ganz anders als in ihrem Vortrag zum 80. Geburtstag geht Hannah Arendt in ihrer »Fabel vom Fuchs Heidegger« mit dem ehemaligen Lehrer und Geliebten um. Diese Fabel findet sich in Arendts Denktagebuch unter Juli 1953.

> Es war einmal ein Fuchs, dem gebrach es so an Schläue, dass er nicht nur in Fallen ständig geriet, sondern den Unterschied zwischen einer Falle und einer Nicht-Falle nicht wahrnehmen konnte. Dieser Fuchs hatte noch ein Gebrechen, mit seinem Fell war irgendetwas nicht in Ordnung, sodass er des natürlichen Schutzes gegen die Unbilden des Fuchsen-Lebens ganz und gar ermangelte. Nachdem dieser Fuchs sich

seine ganze Jugend in den Fallen anderer Leute herumgetrieben hatte und von seinem Fell sozusagen nicht ein heiles Stück mehr übrig war, beschloss er, sich von der Fuchsenwelt ganz und gar zurückzuziehen, und ging an die Errichtung des Fuchsbaus. In seiner haarsträubenden Unkenntnis über Fallen kam er auf einen unter Füchsen ganz neuen und unerhörten Gedanken: Er baute sich eine Falle als Fuchsbau, setzte sich in sie, gab sie für einen normalen Bau aus (nicht aus Schläue, sondern weil er schon immer die Fallen der Anderen für deren Baue gehalten hatte), beschloss aber, auf seine Weise schlau zu werden und seine selbstgefertigte Falle, die nur für ihn passte, zur Falle für Andere auszugestalten. Dies zeugte wieder von großer Unkenntnis des Fallenwesens: In seine Falle konnte niemand recht rein, weil er ja selbst drin saß. Dies ärgerte ihn; schließlich weiß man doch, dass alle Füchse gelegentlich trotz aller Schläue in Fallen gehen. Warum sollte es eine Fuchsenfalle, noch dazu vom in Fallen erfahrensten aller Füchse hergerichtet, nicht mit den Fallen der Menschen und Jäger aufnehmen können? Offenbar, weil die Falle sich als solche nicht klar genug zu erkennen gab. Also verfiel unser Fuchs auf den Einfall, seine Falle schönstens auszuschmücken und überall klare Zeichen zu befestigen, die ganz deutlich sagten: Kommt alle her, hier ist eine Falle, die schönste Falle der Welt. Von da an war es ganz klar, dass in diese Falle sich kein Fuchs je unabsichtlicherweise hätte verirren können. Dennoch kamen viele. Denn diese Falle diente ja unserem Fuchs als Bau. Wollte man ihn im Bau, wo er zu Hause war, besuchen, musste man in seine Falle gehen. Aus der freilich konnte jeder herausspazieren außer ihm selbst. Sie war ihm wort-wörtlich auf den Leib geschnitten. Der Fallen-bewohnende Fuchs aber sagte stolz: So viele gehen in meine Falle, ich bin der beste aller Füchse geworden. Und auch daran war etwas Wahres: Niemand kennt das Fallenleben besser, als wer zeitlebens in einer Falle sitzt.[5]

Im November 1952 hat Arendt bereits ebenfalls in ihrem Denktagebuch notiert:

> Wie immer man es ansieht, fraglos ist, dass ich in Freiburg in eine Falle gegangen (und nicht geraten) bin. Fraglos aber ist auch, dass Martin, ob er es weiß oder nicht, in dieser Falle sitzt, in ihr zu Hause ist, sein Haus um die Falle herum gebaut hat; sodass man ihn nur besuchen kann, wenn man ihn in der Falle besucht, in die Falle geht. Also ging ich ihn in der Falle besuchen. Das Resultat ist, dass er nun wieder allein in seiner Falle sitzt.[6]

Heideggers Wohnsitz kann also in Arendts Interpretation eine Falle genannt werden. Sie selbst sei Heidegger in die Falle gegangen, schreibt Arendt. Es passierte nicht zufällig, ohne Absicht. Sie wollte es offenbar nicht anders, sonst hätte sie es nicht getan. Hannah Arendt ist hier sehr genau in ihrer Selbstbeobachtung. Und sie konstatiert, dass Heidegger allein in seiner Falle sitzt. Das, was er die Einsamkeit des Denkens nennt, bezeichnet sie als Falle. Ganz schön frech, aber auch ganz schön treffend.

Arendt nimmt in dieser Stelle aus dem Denktagebuch Bezug auf ihre Besuche in Freiburg im Februar 1950 und im Mai 1952. Die erste Begegnung findet in einem Hotel in Freiburg statt. Ihre Reaktion ist nicht eindeutig, wie es ihre Briefe an Blücher und Heidegger bezeugen. An Blücher schreibt sie, sie habe selbst in dieser Situation an ihren »verflixten Stups« denken müssen, »der alles richtig beurteilen kann«. Am folgenden Morgen gibt es noch eine Begegnung mit Elfride Heidegger, die Arendt ihrem Mann in für die Frau wenig vorteilhaften Worten schildert. Sie, Elfride, sei »leider einfach mordsdämlich.« Arendt ist überzeugt davon, dass Heideggers Frau ihrem Mann die »Hölle auf Erden« bereitet. Nach dem Zusammentreffen im Februar schreibt Arendt an Heidegger selbst jedoch in einem etwas anderen Ton:

> Dieser Abend und dieser Morgen sind die Bestätigung eines ganzen Lebens. Eine im Grunde nie erwartete Bestätigung. Als der Kellner Deinen Namen sagte (ich hatte Dich nicht eigentlich erwartet, hatte ja

Martin Heidegger, um 1950.

den Brief nicht bekommen), war es, als stünde plötzlich die Zeit stille. (75f.)

Ist dies die Falle, von der sie später schreibt? Dass sie Heidegger trifft, sich am nächsten Morgen sogar Elfride Heidegger aussetzt? Sie müsste das nicht tun. Sie könnte sagen: Nie wieder, nicht nach all dem, was geschehen ist. Aber diese Falle hat eben auch ihre Reize und ist schön ausgestattet. Sie ist eine Art Königreich des Denkens. Und Arendt hat einfach auch einen Sinn für Romantik.

Hannah Arendt erzählt sich und anderen unterschiedliche Geschichten über den Philosophen und ehemaligen Geliebten Martin Heidegger. Zwischen der Fabel über den Fuchs Heidegger aus dem Jahr 1952 und dem Vortrag zu Heideggers 80. Geburtstag 1969 liegen siebzehn Jahre. »Die Falle« heißt nun »Wohnsitz«. In ihrer Geburtstagsrede würdigt Arendt den Denker Heidegger. Sie beschäftigt sich mit ihm in den 1950er und 1960er Jahren ausführlich und auf einem entschieden hohen philosophischen Niveau.

Ihrem Freund Karl Jaspers erzählt Arendt erst im Dezember 1949 von ihrer frühen Liebesbeziehung mit Martin Heidegger. An Heinrich Blücher schreibt sie über ihr Geständnis:

> Ich erzählte Jaspers offen, wie es mit Heidegger und mir bestellt gewesen sei. Er: Ach, aber das ist ja sehr aufregend. Ganz unnachahmlich in der Selbstverständlichkeit der Reaktion. ... Uff.[7]

Auch Jaspers ist immer wieder für eine Überraschung gut. Kein Pathos, kein erhobener moralischer Zeigefinger. Keine sentimentalen Sentenzen. Keine Rede vom »bösen« Heidegger. Jaspers nimmt Arendts Geständnis gelassen humorvoll und Arendt ist erleichtert. Irgendwann musste sie dem Freund von ihrer Jugendliebe erzählen und da sie weiß, wie hoch seine Moralvorstellungen sind, ist sie sich nicht sicher, wie seine Reaktion ausfallen würde. In einem weiteren Brief vom Dezember 1949 schreibt sie an Blücher, wie »jugendlich« Jaspers auf sie wirke und dass sie jeden Tag mehrere Stunden unbefangen lange Gespräche mit ihm führe. Bezüglich der Mitteilung ihrer frühen Liebesbeziehung mit Heidegger schreibt sie auch:

> Übrigens, ich vergaß: Als wir über Heidegger sprachen und ich ihm die Wahrheit gesagt hatte, sagte er plötzlich: Der arme Heidegger, nun sitzen wir hier, die beiden besten Freunde, die er hat, und durchschauen ihn.[8]

Eigentlich hat er ja Freunde, der einsame, auf seine Einsamkeit bauende Denker, der in seiner engen Denkwohnung sitzt und nicht ahnt, dass er durchschaut wird. Jaspers kann sehr wohl auch aus einer gesunden Distanz heraus und humorvoll ironisch über Dinge sprechen, die im Kern ziemlich ernst sind und ihm selbst sehr nahe

gehen. Kurze Zeit später betont Arendt, dass ihr bei Jaspers die
»Lust auf Heidegger« ein wenig vergangen sei. Arendt spielt hier
auf den Anfang ihrer Beziehung zu Heidegger an, auf die Geheimnistuerei, die Abhängigkeit von ihrem so viel älteren und verheirateten Geliebten. Wie anders ist die Beziehung zu Jaspers von Anfang an und jederzeit. Das Gesetz, wonach die Freundschaft mit
Jaspers angetreten ist, ist eines des offenen Gesprächs, der gegenseitigen Achtung, des Vertrauens.

Arendts Auseinandersetzung mit der Person und dem Denken
Heideggers überrascht immer wieder in ihrer Vielschichtigkeit,
ihrer Differenziertheit. So schreibt sie im Mai 1952 an Blücher, sie
sei überzeugt von Heideggers »fundamentaler Gutartigkeit«, seiner »erschütternden Zutraulichkeit«, »Hilflosigkeit und Wehrlosigkeit«. Das sind ganz neue Töne. Und so ist sie auch der Meinung,
Heidegger habe aus genau dieser Hilflosigkeit und dem Wissen,
was er während der NS-Zeit angestellt habe, heraus, Jaspers nicht
besucht, ohne auf die Idee zu kommen, es hätte der Eindruck entstehen können, ein Besuch finde wegen Jaspers jüdischer Frau nicht
statt. Am 7. März 1950 schreibt Martin Heidegger an Karl Jaspers:

> Ich bin seit 1933 nicht deshalb nicht mehr in Ihr Haus gekommen, weil
> dort eine jüdische Frau wohnte, sondern *weil ich mich einfach schämte.*
> Seitdem habe ich nicht nur Ihr Haus, sondern auch die Stadt Heidelberg nie mehr betreten, die allein durch Ihre Freundschaft ist, was sie
> mir ist.[9]

Man glaubt ihm nicht wirklich, wenn er das Wort Freundschaft in
den Mund nimmt. Weit eher hat man den Eindruck, Heidegger
habe generell kein Interesse an Freundschaften. Wenn Arendt die
Hilflosigkeit Heideggers betont, so liegt sie in ihrer Charakterisierung dieser Person in einer Linie mit dem Freund Karl Jaspers. Jaspers schreibt am 19. März 1950 an Heidegger, er sei ihm in seiner

Haltung dem Nationalsozialismus gegenüber wie ein »träumender Knabe« vorgekommen, der sich auf etwas eingelassen habe, dessen Realität er falsch gedeutet habe. Als er schließlich vor einem Trümmerhaufen stand und nicht wusste, was damit anfangen, habe er sich einfach weitertreiben lassen. Heidegger hat keine Einwände gegen diese Einschätzung des philosophischen Weggefährten vieler Jahre. In einem Brief vom April 1950 gibt er zu, naiv gewesen und seiner Idee einer neuen Ausrichtung der Universität hinterhergelaufen zu sein. Ins Rektorat sei er »förmlich gestoßen worden«. Allerdings trägt Heidegger ziemlich dick auf, wenn er betont, 1933 habe keiner an der Universität gewagt, was er wagte. Ob Jaspers und Arendt in ihrer Einschätzung richtig liegen, ob Heidegger wirklich so naiv in die Verstrickung mit dem Nationalsozialismus hineingeschlittert ist, kann spätestens nach der Herausgabe der *Schwarzen Hefte* als widerlegt gelten. Es bleibt ein leiser Verdacht, beide hätten sich aus einer Haltung der Treue heraus davor gedrückt, der Wahrheit einer Verstrickung Heideggers in das NS System ins Auge zu blicken.

> Als wäre das, dem man die Treue nicht halten kann, auch nie gewesen. Daher das große Verbrechen der Untreue, wenn sie nicht gleichsam unschuldige Untreue ist; man mordet das Wahr-gewesene, schafft das, was man selbst mit in die Welt gebracht hat, wieder ab, wirkliche Vernichtung, weil wir in der Treue und nur in ihr Herr unserer Vergangenheit sind: Ihr Bestand hängt von uns ab.[10]

Zuletzt hat sich Oliver Precht in seinem Buch *Heidegger. Zur Selbst- und Fremdbestimmung seiner Philosophie«* intensiv und sehr differenziert mit der Frage nach Heideggers politischer Verstrickung beschäftigt. Es zeigt sich, wie fatal es ist, dass Arendt nie mit Heidegger politische Dinge besprechen konnte. Was sie nicht wissen konnte: Dass Heidegger schon im Jahr 1916 an seine Frau Elfride über die »schreckenserregende« »Verjudung unserer Kultur« geschrieben hat. Es ist außerdem in hohem Maß überraschend, wie eine Denkerin, der von Anfang an die Welt in ihrer ganzen Vielfalt am meisten am Herzen lag, sich nie ernsthaft verabschieden konnte von Heidegger, der Welt nicht anders als vom »verfallenden« Dasein her denken konnte.

Zurück zu Jaspers. Was ihn vor allem irritiert, ist, wie sehr Heidegger alles Politische abwehrt, ja dass er so weit geht, zu behaupten, das Politische führe eine Art »Scheindasein« und sei längst durch »andere Seinsverhältnisse überspielt«. Völlig konsterniert zeigt sich Jaspers durch folgenden Satz:

> Trotz allem, lieber Jaspers, trotz Tod und Tränen, trotz Leiden und Greuel, trotz Not und Qual, trotz Bodenlosigkeit und Verbannung, *in dieser Heimatlosigkeit* ereignet sich nichts; darin *verbirgt* sich ein Advent, dessen fernste Winke wir vielleicht doch noch in einem leisen Wehen erfahren dürfen und auffangen müssen, um sie zu verwahren für eine Zukunft, die keine historische Konstruktion, vor allem nicht die heutige, überall technisch denkende, enträtseln wird.[11]

Eine, was Historisches und Politisches betrifft, arg naive Einschätzung, die nicht dazu einlädt, in Gesprächen, wie Jaspers sie mit Arendt zu führen gewohnt ist, vertieft zu werden. Jaspers antwortet Heidegger mehr als zwei Jahre nicht. Eine »Befangenheit« sei der Grund gewesen, ausgelöst durch den Inhalt von Heideggers letzten Briefen. Er schreibt dann im Juli 1952 an ihn, dass womöglich die »Großartigkeit solcher Visionen« es unmöglich macht, darüber nachzudenken, was man tun könne, zum Beispiel gegen den Stalinismus. Jaspers betont außerdem, dass man im Verstehen dessen, was Philosophie ist und wozu sie da sei, schon im Ursprung verschieden sei. All diese Argumente sind völlig einsichtig. Für die Leserinnen und Leser erscheint es nach der Lektüre solcher Sätze völlig klar, dass zwischen diesen beiden, Jaspers und Heidegger, kein fruchtbares Gespräch mehr möglich sein kann. Irritierend sind in diesem Brief Sätze, in denen Jaspers auf die Ansicht Heideggers zu Karl Marx eingeht. So schreibt er:

> Wie kommt es, dass Sie irgendwo ein sehr positives Urteil über den Marxismus drucken lassen ohne zugleich mit Klarheit auszusprechen, daß Sie die Kraft des Bösen erkennen?[12]

Jaspers spielt auf eine Stelle aus Heideggers Schrift *Über den Humanismus* an. Heidegger hebt die Bedeutung des Entfremdungsbegriffs von Karl Marx hervor und plädiert für ein »produktives Gespräch mit dem Marxismus«. Es ist schade, dass Jaspers nicht versucht, über dies spannende Thema in eine Diskussion mit Heidegger zu treten. Auch wenn Heidegger das Politische als wesentliche Dimension in seinem Denken nie berücksichtigt, setzt er sich doch – auf seine Weise – mit dem Wesen von Geschichte auseinander:

> Weil Marx, indem er die Entfremdung erfährt, in eine wesentliche Dimension der Geschichte hineinreicht, deshalb ist die marxistische Anschauung von der Geschichte der übrigen Historie überlegen.[13]

Hier wäre ein Ansatz, den es lohnte, weiter zu verfolgen.

Noch spannender wird es, wenn man den Deutungsansatz Hannah Arendts hinzunimmt:

> Marx' verzweifelter Versuch, Materialist zu werden, ist in Wahrheit nur der sehr ehrenwerte Versuch der Herrschaft der Logik (in ihrer höchsten, d.h. Hegelschen Gestaltung) zu entkommen. Was Marx ebenso übersah wie Hegel, ist die ›Wirklichkeit‹.[14]

Arendt vertritt die Ansicht, aus Angst vor der Übermacht der Logik habe sich Hegel in den Materialismus gestürzt. Was ihm dabei abhandenkam, sei die Wirklichkeit. Schon sehr früh, im Jahr 1950, hat Arendt vom »Schock« der Wirklichkeit gesprochen. Arendt spricht bezüglich Marx auch von einer Ersetzung der Politik durch Geschichte. Man könnte einen Schritt weitergehen und feststellen, dass Heidegger Geschichte durch Geschick ersetzt hat. Arendt wertet nicht, betont jedoch die Gefahr von Despotismus und sogar Totalitarismus in Marx' Theorie der Geschichte. Hier tun sich große Möglichkeiten für eine fruchtbare Diskussion auf. Sie wird nicht geführt. Karl Jaspers versteckt sich hinter dem sogenannten »Bösen« und vergibt damit jede Chance einer begrifflich exakten Auseinandersetzung mit der Bedeutung von Karl Marx. Hier ist Arendt klarer und offener für eine gedankliche Beschäftigung.

In den frühen 1950er Jahren setzt Arendt sich sehr intensiv mit Marx auseinander und stößt schon damals damit bei Jaspers auf starke Abwehr. Dass Arendt Karl Marx' Leidenschaft ins Gespräch bringt, kann Jaspers überhaupt nicht nachvollziehen.

> Sie sprechen zugunsten von Marx' Leidenschaft für die Gerechtigkeit, die ihn mit Kant verbinde. ...Marx' Leidenschaft scheint mir in der Wurzel unrein, von vornherein selber ungerecht, aus dem Negativen lebend, ohne ein Bild vom Menschen, verkörperter Hass eines Pseudopropheten vom Stil Ezechiels.[15]

Er sehe in Marx einen »bösen Menschen«. Es erstaunt ein wenig, dass Jaspers keine Scheu hat, der so sehr auf Klarheit in der Analyse pochenden Hannah Arendt solch polemische Äußerungen zu einem brennend interessanten politischen Theoretiker zukommen zu lassen. Arendt selbst betrachtet Marx weniger als Philosophen, sondern eher als großen Wissenschaftler, der sich allerdings die »Wissenschaft ideologisch verdorben« habe. In ihren Augen sei er eher »Rebell« und »Revolutionär«. An Heinrich Blücher schreibt Karl Jaspers, er müsse Marx mit Hass begegnen, während die Freundin Hannah Arendt in aller gebotenen Strenge nachdenkt über Grundbegriffe der Marxschen Theorie, die da zum Beispiel heißen »Arbeitskraft«, »Produktivität«, »Geschichte«, »Wert«, »Natur«.

Natürlich denkt Heidegger genauso wenig wie Jaspers wirklich nach über die politische Theorie von Marx. In diesem Punkt sind sie einander ziemlich ähnlich: Beide neigen immer wieder eher als Arendt dazu, ihrer eigenen Begrifflichkeit auf den Leim zu gehen und Vorurteile sprechen zu lassen, wo genaues Zuhören gefragt wäre. Bei Jaspers intensiviert sich diese Tendenz dadurch, dass er die Denker-Persönlichkeit in den Vordergrund schiebt und dass sein Urteil über die Person die Ansicht über das jeweilige Denken beeinflusst.

Im Versuch, nach dem Krieg in ein neues Gespräch mit Heidegger einzutreten, scheitert Jaspers. Er fordert etwas ein, das Heidegger nicht zu geben in der Lage ist: ein Eingehen auf Konkretes, Gegenwärtiges, ein Nachdenken und ins Gespräch Treten über die uralte Beziehung von Philosophie und Politik. Jaspers' immer wieder neue Anläufe, Heidegger zu erreichen, wirken zunehmend verzweifelt. Dabei unterscheidet Jaspers in diesem besonderen Fall die denkerische Haltung von persönlichen Gefühlen, die er verständlicherweise noch immer hegt, weil sie ihn an eine »ferne, noble Vergangenheit« erinnern, wie er an Heidegger anlässlich dessen 70. Geburtstag schreibt.

Wie aber steht es mit der Lektüre und der denkerischen Auseinandersetzung der Werke des/der jeweils anderen? Was hat Jaspers von Heidegger gelesen und wie ist er mit dem Gelesenen umgegangen? Auf welche Weise hat Heidegger Jaspers rezipiert? Inwieweit haben sich die beiden Philosophen mit dem umfangreichen Werk Hannah Arendts beschäftigt und wie sieht es mit Arendts Lektüre der Schriften Heideggers und Jaspers' aus?

Lieber Martin,
ich habe den Verlag angewiesen, Dir ein Buch von mir zu schicken. Dazu möchte ich Dir ein Wort sagen. Du wirst sehen, daß das Buch

keine Widmung trägt. Wäre es zwischen uns je mit rechten Dingen zugegangen – ich meine zwischen, also weder Dich noch mich-, so hätte ich Dich gefragt, ob ich es Dir widmen darf, es ist unmittelbar aus den ersten Freiburger Tagen entstanden und schuldet Dir in jeder Hinsicht so ziemlich alles. So wie die Dinge liegen, schien mir dies unmöglich; aber auf irgendeine Weise wollte ich Dir doch wenigstens den nackten Tatbestand sagen.
Alles Gute![16]

Was für ein merkwürdiger Brief. Hannah Arendt lässt Heidegger im Dezember 1960 von ihrem Verlag ein Exemplar ihres gerade auf Deutsch erschienen Buches *Vita activa* zuschicken. Sie spielt an auf ihren ersten Aufenthalt in Freiburg nach dem Krieg, auf jene verwirrenden Tage, die Erinnerung an die erste Begegnung mit Heidegger in Marburg 1924, ihren plötzlichen Wegzug von dort, die Zeit des Nationalsozialismus, das Zusammentreffen mit Elfride Heidegger im Jahr 1950. Ein echtes Gespräch entstand seit der Begegnung in Freiburg nicht, Heidegger registriert nicht wirklich, auf welchem Weg sich seine einstige Schülerin befindet, wo ihre denkerischen Schwerpunkte liegen. Dies wäre nur dann möglich, wenn es einen Bereich zwischen den beiden gäbe, der ein Gesprächsbereich sein könnte, in den die Welt einen Zutritt bekäme. Dies Zwischen wäre dann ein »Weltausschnitt«, wie Arendt im Denktagebuch vom August 1955 schreibt.

In *Vita activa* entwickelt Arendt Grundbegriffe ihrer politischen Philosophie. In diesem Buch Hannah Arendts wird bereits die große Eigenständigkeit ihres Denkens erkennbar. Dass die Studienzeit bei Heidegger in Marburg ihre Spuren hinterlassen hat, wird aber ebenfalls deutlich. Dies Buch ist auch aus der Auseinandersetzung mit Heidegger heraus geschrieben worden. Damals in Marburg hatte Martin Heidegger gerade den ersten Teil von *Sein und Zeit* ausgearbeitet. Heideggers Daseins-Analyse, sein Nachdenken über die Weltlichkeit der Welt, In-der-Welt-sein, Mit-sein, Selbst-sein und die Sprache haben Arendts eigenes Denken geprägt. Ihre Auseinandersetzung mit dem Werk ihres einstigen Lehrers bleibt lebenslang intensiv. Dabei ist ihre Lektüre immer sehr genau und kritisch. Arendt ist eine akribische Leserin. So schreibt sie im Jahr 1955 in ihr Denktagebuch als Anmerkung zur Analyse der »Geworfenheit« des Menschen in *Sein und Zeit*:

> Heidegger hat Unrecht: ›In die Welt‹ ist der Mensch nicht ›geworfen‹, wenn wir geworfen sind, so – nicht anders als die Tiere – auf die Erde. In die Welt gerade wird der Mensch geleitet, nicht geworfen, da gerade stellt sich seine Kontinuität her und offenbart sich seine Zugehörigkeit. Wehe uns, wenn wir in die Welt geworfen werden.[17]

Es sind Grundworte aus *Sein und Zeit*, mit denen Hannah Arendt sich auseinandersetzt: das »Man«, das Gewissen, das Wesen, Geschichte, Anfang. Später beschäftigt sie sich natürlich auch mit Heideggers weiterer Denk-Entwicklung, seiner Auseinandersetzung mit Nietzsche, seinen späten Schriften über Denken, Dichten und Sein. Im Denktagebuch vom August 1969 schreibt Arendt, Heidegger sei den Büchern so verhaftet gewesen, »dass er erst ein Leben lang brauchte, um in den Büchern ›die Sachen selbst‹ zu entdecken, um schließlich im Alter zu wagen, einen Text von sich selbst einem Seminar zugrunde zu legen.«[18] Sich selbst als Denker durch die Interpretation eines eigenen Textes den Studentinnen und Studenten nahebringen, gelingt Heidegger nach Hannah Arendts Auffassung erst sehr spät.

Natürlich findet sich auch in Jaspers Bibliothek *Sein und Zeit*. Allerdings hat er das Werk nicht in Gänze durchgearbeitet und wenn, dann nicht mit dem Stift, wie es für sein Lesen sonst so typisch ist. Es finden sich in Jaspers Exemplar von *Sein und Zeit* sehr lange Passagen ohne Anstreichungen oder Anmerkungen. Erst auf S. 122, wo es um die »Fürsorge« geht, scheint er genau gelesen zu haben, wie auch in den Kapiteln über »Alltäglichkeit«, »Verfallen-sein«, und schließlich auf S. 191ff. »Das Sein des Daseins als Sorge«. Auch Heideggers denkerische Erschließung der Begriffe »Realität« und »Wahrheit« haben Jaspers Interesse erregt. Neben dem Satz: »Höher als die Wirklichkeit steht die Möglichkeit« auf S. 38 von *Sein und Zeit* hat Jaspers ein deutliches »Nein!« platziert. Eine unbezweifelbare Kritik. Dazu passt ganz ausgezeichnet, dass das Exemplar des Romans *Der Mann ohne Eigenschaften* von Robert Musil, in dem es vorrangig um den Möglichkeitssinn geht und das in Jaspers Bibliothek im Karl-Jaspers-Haus in Oldenburg steht, die Anmerkungen von Gertrud Jaspers enthält, von Karl Jaspers hingegen nicht. Wenn keine Anmerkungen und Anstreichungen darin sind, hat Jaspers ein Werk nicht wirklich durcharbeitend gelesen. Für Jaspers steht die Wirklichkeit jederzeit über der Möglichkeit. Deshalb kann Musil nicht ein Lieblingsautor sein.

Auch Hans Saner betont im Vorwort zu den von ihm herausgegebenen *Notizen zu Martin Heidegger*, dass Jaspers *Sein und Zeit* nur fragmentarisch gelesen habe. Als einen Grund nennt Saner die fragile Gesundheit Karl Jaspers', und dass dieser seine ganze Kraft für die Ausarbeitung des eigenen philosophischen Werkes brauchte, als weiteren Grund nimmt er jedoch das »Unvermögen« an, sich wirklich mit Anteilnahme in Heideggers Werk zu vertiefen. Was Jaspers in seinen *Notizen zu Heidegger* immer wieder betont, ist die von ihm im Denken Heideggers mehrmals zu erlebende »Kommunikationslosigkeit«. So lautet eine frühe Aufzeichnung: »Kommunikationslos – weltlos – gottlos.«[19] Dennoch betont er die »hinreißende Intensität seines Denkens« und in den frühen 1950er Jahren schreibt er: »...vielleicht ist das Werk Heideggers viel bedeutender als das meine – mir scheint, ich bin redlicher um die Wahrheit bemüht.«[20] Heideggers Denken hat etwas Hinreißendes für Jaspers, aber er findet keine Redlichkeit darin, kein Ringen um Wahrheit. Jaspers hat kein Problem damit, einem Philosophen eine größere Bedeutung zuzusprechen, auch wenn der sich nicht eigentlich redlich um Wahrheit bemüht. In der Tat geht es Heidegger um einen Wahrheitsbegriff, den man gar nicht erringen kann, der sich einem nicht als Geschenk einer redlichen Denkarbeit irgendwann offenbart. Seine Auseinandersetzung mit dem »Wesen der Wahrheit« bewegt sich von Anfang an in einem anders gearteten Denkraum. Einen sehr aufschlussreichen Brief hat Karl Jaspers im Dezember 1929 an Heidegger geschrieben, nachdem der ihn in Heidelberg besucht hatte:

Lieber Heidegger!
Seit undenklichen Zeiten habe ich niemandem so wie heute Ihnen zugehört. Wie in der reinen Luft war mir frei zumute in diesem unablässigen Transzendieren. Das uns gemeinsam so ganz Selbstverständliche hörte ich in Ihren Worten, zum Teil mir fremd, doch als das Identische. Es wird noch philosophiert!
Gute Nacht!
Herzlichst
Ihr Karl Jaspers[21]

Jaspers nimmt etwas wahr im Denken Heideggers, das dem seinen vertraut ist und dennoch auch einen Anteil Fremdheit birgt. Das Fremde hat im Laufe der Zeit zugenommen, das Vertraute verschwand fast ganz.

Jaspers liegt es ungemein am Herzen, im Gespräch zu sein, im Gespräch zu bleiben, zu diskutieren, auch wenn es inhaltliche Differenzen und große terminologische Unterschiede gibt, wie dieser Brief ganz deutlich zeigt. Es ist in der Tat vor allem ein sprachlich begründetes Problem, das die beiden Denker schließlich voneinander entfernt. Sie sprechen unterschiedliche Sprachen, wenn sie ihr Denken darlegen. Lange Zeit nimmt Jaspers nicht wahr, dass Heidegger ganz anders strukturiert ist. Dass er dabei ist, sich seinen Bau einzurichten und sich darin niederzulassen. Dass Kommunikation für ihn nur eine marginale Rolle spielt. Anfang der

1930er Jahre bedauert Jaspers es, dass Heidegger in ihren Gesprächen oftmals stumm bleibe, während er selbst an einer »radikalen Erörterung« interessiert sei. 1931 schickt Jaspers Heidegger seine dreibändige *Philosophie*. Heideggers Antwort- und Dankesbrief bleibt sehr im Unverbindlichen. Er habe bisher nur gelegentlich in der *Metaphysik* lesen können und zwar »von hinten«. Hannah Arendt weist Heidegger einmal ausdrücklich darauf hin, dass er ja alles immer nur von hinten lese. Es hat den Anschein, Heidegger wolle mit den Werken anderer schnell fertigwerden, sich einen Eindruck verschaffen, ohne das Ganze lesen zu müssen. Jaspers glaubt trotzdem an Heideggers »freundschaftliche Gesinnung« und daran, »daß zwischen uns noch etwas geschehen wird«. Das »Zwischen« aber ist für Heidegger ja gerade das Problematische. Hannah Arendt sieht das sehr früh schon, auch wenn sie sich bemüht, den Gesprächsfaden nicht gänzlich abbrechen zu lassen. Beide, Arendt und Jaspers bemühen sich dauerhaft um eine wenn auch zarte Verbindung zu Heidegger. Heidegger bemüht sich darum nicht eigentlich. Man muss zu ihm kommen, wenn man etwas von ihm will. Aus der Ferne erreicht ihn gar nichts. Am 22. September 1959 schreibt Jaspers an Heidegger: »Seit 1933 ist zwischen uns eine Wüste gelegt, die mit dem nachher Geschehenen und Gesagten nur immer unpassierbarer zu werden schien.«[22] Jaspers akzeptiert mit diesen Sätzen das Ende jedweder Gesprächsmöglichkeit.

Nach Jaspers Tod schreibt Heidegger an Gertrud Jaspers: »Im Andenken an frühe Jahre verehrend teilnehmend Martin Heidegger.«[23] Die Witwe antwortet: »Ebenfalls der frühen Jahre gedenkend danke ich Ihnen.« (ebd.) Eine Gegenwart scheint diese Beziehung nicht zu kennen, es sei denn, die Gegenwart im Andenken. Man wahrt die Form.

Auch zwischen Hannah Arendt und Karl Jaspers gibt es große inhaltliche Differenzen. Aber das Gespräch bleibt immer lebendig, es wird radikal diskutiert. Arendt bezeichnet es als ihr größtes Nachkriegsglück, dass Menschen so miteinander sprechen können. Nicht nur lesen sie die Werke des / der anderen. Sie kommentieren, kritisieren, stimmen zu, je nachdem. Und Arendt bemüht sich redlich, Heidegger im Boot des Gesprächs zu behalten. Es gelingt nicht. Heidegger scheint diese Freundschaft nicht zu brauchen. Arendt und Jaspers sind in einer stetig wachsenden Freundschaft verbunden. Um Heidegger werben beide, und Arendt wirbt sogar für Jaspers bei Heidegger und bei Heidegger für Jaspers. Zu tief ist jedoch der Graben. Und so wird in dieser Dreierkonstellation erlebbar, was ein gelingendes Gespräch bedeutet und was es heißt, wenn Gespräche enden. Über die Beziehung Jaspers-Arendt-Heidegger ließe sich eine eigene Geschichte erzählen. Es ist eine gar nicht undramatische Geschichte, denn es geht um Freundschaft, um Schuld, Versagen, Glück und Trauer, Sich-finden und Verlieren. Es geht um Wahrheit und Lüge, um Irrtum, Täuschung und die Wahrhaftigkeit eines offenen Dialogs.

Denken und Schreiben

…gerade den reinen Denkprozess, den eigentlichen Gedankengang, muß der Künstler, aber auch der schreibende Philosoph, unterbrechen, wenn er das Gedachte so verwandeln will, daß es sich einer schriftlich-verdinglichenden Darstellung eignet.[1]

Die Schrift verdinglicht den Denkprozess. Was verschriftlicht worden ist, hat den Weg nach draußen, zu den anderen, in die Welt eingeschlagen. Der reine Denkprozess gehört nur der Denkenden, dem Denkenden, egal ob es sich um ein philosophisches oder dichterisches Denken handelt. Zwar würde es sich anbieten, sich zunächst mit der Versprachlichung philosophischer Gedanken zu beschäftigen – aber warum nicht damit beginnen, von einer anderen, der literarischen Seite einen Blick auch auf das philosophische Schreiben zu werfen. Wie also ist das mit dem literarischen Schreiben bei Jaspers und Arendt?

Karl Jaspers hat sich nicht dezidiert literarisch betätigt. Hannah Arendt hingegen schon. Von ihr gibt es sogar Gedichte. Sie wurden 2016 gesammelt veröffentlicht und stammen aus den Jahren 1923–1926 und 1942–1961.

Die frühen Gedichte sind im direkten Umkreis der Liebesbeziehung Hannah Arendts mit Martin Heidegger angesiedelt. Diese Gedichte zeigen, dass Arendt trotz ihres hohen Reflexionsvermögens, ihres klaren Denkens, ihrer Liebe zu Philosophie und Wissenschaft, in ihrer Jugend romantischen Empfindungen, die nach poetischen Bildern suchen, gegenüber sehr empfänglich ist. Auch ein ausgeprägter Sinn für die dunklen, geheimnisvollen Seiten des

Hannah Arendt, vermutlich um 1930.

Lebens schafft sich hier Ausdruck. Die junge Studentin hat noch keine Ahnung, wohin ihr Leben gehen könnte. Sie spricht in einem Gedicht davon, ohne »Steuer« zu sein. Gedichte sind Dinge, sie haben eine bestimmte Gestalt, aber in einer derart verdichteten Form bleibt die Erfahrung, der das Gedicht entspringt, gleichwohl greifbar. »Die gewissermaßen menschlichste und unweltlichste der Künste ist die Dichtkunst, deren Material die Sprache selbst ist und deren Produkt dem Denken, das es inspirierte, am nächsten bleibt.«[2] Die verdinglichende Funktion von Sprache ist in der Dichtkunst am wenigsten ausgeprägt. Dabei spielt es bei den Gedichten Hannah Arendts keine Rolle, ob sie besonders gelungen sind oder nicht. Sie spiegeln das Stimmungsgemisch wider, aus dem sie in jenen Jahren lebt. Und es sind frühe Versuche, mit dem Erlebten umzugehen, zu verstehen, was geschieht, in einem und um einen herum, mit den Menschen, den Dingen, der Natur. Die Jahreszeiten, das

Verrinnen der Zeit, Tag und Nacht, Begegnung und Abschied, Glück, Leid, Liebe, Schmerz: Es ist in der Tat, wie Hannah Arendt in *Vita activa* schreibt. Das ganz persönliche menschliche Erfahren in all seinen Facetten kommt in diesen Gedichten zur Sprache. Politisches spielt nicht hinein. Und es sind ganz eindeutig die Gedichte einer jungen Person, die nicht den Ehrgeiz hat, als Dichterin zur Berühmtheit zu gelangen.

> KLAGE
> Ach, die Tage, sie verfliegen ungenützt dahin
> wie Spiel.
> Und die Stunden, sie erliegen ungeschützt
> dem Qualenspiel.
>
> Und der Zeiten Auf und Nieder
> Gleitet leise durch mich hin,
> Und ich sing die alten Lieder,
> Weiss nicht mehr als zu Beginn.
>
>
> Und ein Kind kann nicht verträumter gehen
> Den vorgeschriebenen Gang
> Und ein Greis kann nicht geduldger wissen,
> dass das Leben lang.
>
> Doch das Leid will nicht beschwichten
> Alte Träume, junge Weisheit.
> Und es lässt mich nicht verzichten
> Auf des Glückes schöne Reinheit.[3]

Arendt liest seit der frühen Jugend viele Gedichte, sie hat sich Worte, Reime, Bilder und Rhythmen eingeprägt. Und sie hat ein reiches Empfindungssensorium. Diese Hannah Arendt, die bei Martin Heidegger »das Denken« gelernt hat, wie sie viel später sagen wird, die zur gleichen Zeit erleben musste, was es heißen kann, einen fest im Sattel seiner professoralen Existenz samt Familie sitzenden Mann zu lieben im Bewusstsein eines permanent drohenden Abschieds, die das Erlebte in Gedichte verwandelt, diese Hannah Arendt begegnet in Heidelberg Karl Jaspers, auch ein Professor, aber eher von der spröden Art der Menschen aus dem Norden. Es ist anzunehmen, dass er in seiner Jugend eher keine Gedichte geschrieben hat. Zumindest sind keine überliefert. Stattdessen beschließt Jaspers mit neunzehn Jahren, Medizin zu studieren. »Bei der Wahl der Medizin war mir das Wichtigste, die Wirklichkeit kennenzulernen. Um Wirklichkeit bemühte ich mich auf jede mir mögliche Weise.«[4]

Jaspers bemüht sich als junger Mensch um Wirklichkeit. Eigentlich geht man eher davon aus, dass jungen Menschen die Wirklichkeit auf den Leib rückt, sie einhüllt. Jaspers als kränkelnder junger Mann betrachtet sehr früh schon die Wirklichkeit mit einem wissenschaftlichen, objektivierenden Blick. Und wenn er von Wirklichkeit spricht, ist immer schon ein Hinter der Wirklichkeit mit gemeint. Einen innigen Bezug zur Wirklichkeit in all ihren Facetten hat Hannah Arendt auch. Jaspers Bezug zur Wirklichkeit ist ein anderer als der seiner Studentin. Die unterschiedlichen Wirklichkeitserfahrungen bedingen verschiedene Schreibweisen, -stile wie auch unterschiedliche Genres. Hannah Arendt kann sich durchaus der Wirklichkeit ausliefern, das Leben auf sich »regnen lassen«, wie es Rahel Varnhagen ausdrückte. Sie ist in der Art, mit dem Erlebten schreibend umzugehen, gar nicht so besonders. Gedichte schreiben viele junge Menschen. Das ist nicht ungewöhnlich. Interessant ist, dass diese der Reflexion so zugewandte, schon früh sehr an Philosophie interessierte Hannah Arendt derart empfindsame Gedichte schreibt. Als gäbe es zwei Seelen in ihrer Brust. Karl Jaspers tritt recht eigentlich auf die Wirklichkeit zu, findet sich nicht einfach mittendrin vor. So fällt es Arendt auch leichter, die Worte und Sätze zu finden, die die jeweilige Wirklichkeit beschwören, während Jaspers an seiner Ausdrucksweise arbeiten muss. Er kennt die nicht verdinglichende Sprache fast gar nicht.

> (OHNE TITEL)
> Dann werd' ich laufen, wie ich einstens lief
> Durch Gras und Wald und Feld;
> Dann wirst Du stehen, wie Du einmal standst,
> Der innigste Gruß von der Welt.
>
> Dann werden die Schritte gezählt sein
> Durch Ferne und durch die Näh;
> Dann wird dieses Leben erzählt sein
> Als der Traum von eh und je[5]

Weit in die Zukunft hinein schreibt sich Hannah Arendt in diesem Gedicht. Ein Grundwort erscheint schon jetzt, das sich durch ihr Werk ziehen wird: das Erzählen. So ist es eine spätere Einsicht, dass ein Leben erst dann verstanden werden kann, wenn es erzählt wird.

Hannah Arendt und Karl Jaspers waren nicht nur lebenslang intensiv Lesende. Sie waren in noch stärkerem Maß lebenslang Schreibende. Sie haben jeden Verstehensprozess schreibend begleitet. Dabei haben sie sich verschiedener Genres bedient. Ihr schriftstellerisches Werk umfasst theoretische Schriften zu Philosophie und Politik, biografische, autobiografische und andere Essays und Porträts, Briefe und, im Falle von Hannah Arendt, auch Gedichte und Denktagebücher.

Für Hannah Arendts eigene denkerische Biografie spielt ihr Buch über Rahel Varnhagen eine große Rolle. Arendt hatte das Manuskript bereits 1933 fertiggestellt, noch bevor sie aus Deutschland emigrierte. Das Buch erschien dann 1956 in englischer Sprache und zwei Jahre später auf Deutsch. Grundsätzlich gibt es, wie bereits mehrfach erwähnt, immer wieder überraschende Sätze zu lesen bei Arendt. Zwei solch überraschende Sätze schreibt sie am 7. September 1956 in einem Brief an Karl Jaspers. Es geht um die Übersetzung des Buchs über Rahel Varnhagen ins Deutsche.

> Nun will ich es aber auch deutsch erscheinen lassen, und habe es eine Reihe von ›unschuldigen‹ Leuten lesen lassen, um zu sehen, wie es auf sie wirkt. Es ist, danach zu urteilen, eben doch vorwiegend ein Frauenbuch und als solches verteidigbar.[6]

In diesen Sätzen steckt allerdings so einiges drin, was geradezu nach Deutung schreit. Hannah Arendt ist ja mit Sicherheit keine Autorin von »Frauenbüchern«. Auch hat man den Eindruck einer ziemlichen Verunsicherung auf Seiten der Autorin. Hat sie wirklich vor, das Buch lediglich als »Frauenbuch« zu verteidigen? Traut sie ihrem eigenen Mut nicht? Hat sie die Ahnung, dass das Buch nur in den Kreisen ankommen könnte, in denen Frauenbücher gelesen werden? Eine Feministin kann Arendt in keiner Phase ihres Lebens genannt werden. An reinen Frauenfragen hatte sie nie ein Interesse. Außerdem ist Arendt 1956 keine wirklich junge Autorin mehr. Traut sie ihrem eigenen Ansatz nicht mehr? Hat diese Unsicherheit mit den Vorbehalten ihres Lehrers Jaspers dem Buch gegenüber zu tun?

Merkwürdig ist die erste Reaktion von Karl Jaspers nach der Lektüre des Manuskripts im Jahr 1952.

> Sie sehen, wie mir scheint, die Rahel lieblos. Nur auf einigen Seiten ist von Rahels Seelentiefe etwas fühlbar: Wo sie von der Möglichkeit mit Gentz eine schöne Phantasie entwerfen, wo Sie von der Verbundenheit mit Pauline Wiesel reden, vielleicht auch in Ihrer Deutung ihrer Distanzierung von v. d. Marwitz. Die große Erscheinung dieser Frau, die zittert und blutet, ohne Haus und Heimat, ohne Welt und ohne Gründung in der einzigen Liebe, – die so redlich ist, in unendlicher Refle-

xion zu durchschauen, zu verkennen und das Verkennen wieder umzuwerfen –, die ständig sich irren, sich entgleiten und wiederherstellen muß und darüber sich und andere nicht täuscht –, die an die unheimliche Grenze kommt, wo Lüge Wahrheit scheinen kann –, diese Erscheinung lassen sie zur Sprache kommen, aber nicht aus einem Zentrum her, nämlich des Menschen selbst, der nicht wesentlich Jude ist, aber als Jude durch diese Welt geht, und auch dadurch das Äußerste erfährt, das an sich nicht nur dem Juden geschieht. Sie lassen spüren, daß Rahel sich nicht verliert, sondern sich treu bleibt.[7]

Ein Mensch sollte, will man Jaspers glauben, aus seiner Mitte heraus beschrieben werden, was auch immer das heißen mag. Der Mensch selbst, eine Vorstellung, die schon die junge Hannah Arendt nicht teilen mag. Ein Grund ist sicherlich, dass sie bereits zu viel Heidegger gehört, mit Heidegger gesprochen und gedacht hat. Will Arendt nun, 1956, verhindern, dass weitere kritische Bemerkungen von Jaspers auf sie niederprasseln? Ein Frauenbuch, das hieße, dass es zunächst in Rahel um eine Frau geht und dass das Buch vor allem Frauen ansprechen soll und wird. Durch diese Selbstinterpretation schützt sich Arendt gewissermaßen. Sie hat eben ein Frauenbuch geschrieben. Wenn es ein reines Frauenbuch ist, dann geht es nicht vordergründig um diese besondere Person, um das Individuum Rahel, sondern um die Frau Rahel.

Karl Jaspers wünscht sich ein Bild der »Rahel selbst«, also etwas Ganzheitliches. In ihrem Vorwort betont Arendt jedoch, es sei ihr nicht darauf angekommen, »ein Buch *über* die Rahel zu schreiben, …«[8] Also auch nicht ein Buch über die Frau Rahel, wie sie von den Männern ihrer Umgebung gesehen wurde. Jaspers engt in seiner Erwartung einer gelingenden Biografie Rahel Varnhagens die Protagonistin ein, nämlich auf das hin, was für ihn ganz offensichtlich zu einem erfüllten Frauenleben gehört, zum Beispiel die »Gründung in einer einzigen Liebe«. Gründung, das hieße einen Boden schaffen, auf dem man unverrückbar stehen kann. Aus einer einmal gegründeten »einzigen« Liebe kommt man nicht mehr raus. Damit hegt Jaspers Vorab-Vorstellungen, die seinem Frauenbild entsprechen und die er von der lebendigen biografischen Darstellung eines Frauenlebens eingeholt haben möchte. Nach Arendts Ansicht war aber gerade dies, nämlich die Erwartungshaltung von Männern den Frauen gegenüber, ein Grundproblem Rahel Varnhagens. In ihrem Fall stellte das starre Frauenbild der Romantik ein zusätzliches Emanzipationshindernis dar. Deshalb kritisiert Arendt Jaspers Haltung ihrem Buch gegenüber in ebendiese Richtung: »Sie halten mir ein Bild der Rahel entgegen, wie es im Wesentlichen doch durch Varnhagen bestimmt ist.«[9]

Das ist eine handfeste Kritik an Jaspers Lesart.

Jaspers fordert weiter, Arendt solle »liebevoll« über Rahel schreiben. Warum aber eigentlich und was hieße in einem solchen Fall liebevoll? Arendt hingegen will die Wirklichkeit der Person Rahel Varnhagen darstellen, ihre Lebensgeschichte erzählen, als hätte diese sie selbst geschrieben. Jaspers tut sich offenbar schwer damit, einer Geschichte zu folgen, ohne etwas dahinter zu suchen, sich einer Person gegenüber zu sehen, ohne in ihr Innerstes, in ihr Letztbegründetsein blicken zu wollen. Hannah Arendt hingegen erzählt sehr anschaulich, wie schwer Rahel es hat, überhaupt zu so etwas wie einer Lebensgeschichte zu kommen, Erfahrungen zu sammeln, eine Ordnung in ihre Tage zu bringen. Immer wieder fällt sie zurück »an die Stelle, an der ihr Leben nur der Schauplatz *des* Lebens ist und ihre Geschichte nur das, was mit ihr passiert.«[10] Wenn das eigene Leben der Schauplatz des Lebens ist, dann bedeutet das, gerade keine genau bestimmbare Mitte zu haben, denn das Leben ist permanent im Fluss. Rahel hat keinen inneren Kern, der sich durch Erfahrung entwickeln könnte. Sie bleibt ein Spielball des Lebens. Jaspers fordert Arendt auf, mehr von der »Seelentiefe« der Rahel zu zeigen. Arendt aber kann nur das erzählen, was die Person Rahel Varnhagen zeigt. Sie erzählt das Leben einer Jüdin, die sich zeitlebens als außerhalb stehend erfahren hat, als eine Fremde. Rahel hilft sich selbst, indem sie sich ihre Geschichte erzählt. Auf dass nicht vergessen werde, was ihr zustieß. Auf dass sie eine Wirklichkeit haben kann.

Bei allen biografischen Porträts Hannah Arendts geht es nicht darum, Menschen in ihrer Tiefe zu erfassen. Arendt sucht überhaupt nicht nach einer solchen Tiefe. Ihr Anliegen ist es vielmehr, die Porträtierten in den Formen ihres Erscheinens darzustellen und das heißt, sie hat nicht den Wunsch, ins Innere zu dringen, zu psychologisieren. Stattdessen hält sie sich an Geschichten, wie im Fall von Isak Dinesen: »Das Geschichtenerzählen enthält den Sinn, ohne den Fehler zu begehen, ihn zu benennen, …«[11]

Dem würde Karl Jaspers vehement widersprechen.

In ihrem Porträt von Papst Johannes XXIII. erzählt Arendt all die Geschichten nach, die über ihn im Umlauf sind. Aus diesen Geschichten heraus blickt er uns an, wird seine Gestalt sichtbar. Genau das möchte Arendt erreichen. All das, was uns im Leben geschieht, womit wir umgehen, lässt uns wirklich sein. »Äußeres setzt Inneres voraus, aber Inneres setzt auch Äußeres voraus.«[12] Ohne »Seele« sei der Körper eine Leiche, schreibt Arendt, aber ohne Körper sei die »Seele« Funktion. Damit wird deutlicher, warum es Arendt nicht darum gehen kann, im biografischen Schreiben das Innere der Person zu entblößen. Dies nämlich zeigt sich in den verschiedenen Erscheinungsformen des Menschen und ist nie abgekoppelt vom Körperlichen.

Unter den zahlreichen biografischen Arbeiten Hannah Arendts findet sich auch ein Essay über ihren Freund Walter Benjamin. Sie unterteilt ihn in drei Absätze: *Der Bucklige, Die finsteren Zeiten* und *Der Perlentaucher*. Im ersten Kapitel zeigt sich Benjamin als einer, der von einem Scherbenhaufen in den nächsten tappt. Im zweiten Kapitel beschreibt Arendt minutiös das Paris, das Benjamin für sich entdeckte. »In Paris fühlt sich der Fremde heimisch, weil man diese Stadt bewohnen kann wie sonst nur die eigenen vier Wände.«[13] Benjamins Gangart in Paris war die des »Flaneurs«. Im Nachdenken über diese »Schlüsselfigur« von Benjamins Arbeit gelingt es Arendt, ihn selbst als einen solchen Flaneur erscheinen zu lassen. Im dritten Kapitel schließlich wendet sie sich dem Sammler Benjamin zu. Arendt bohrt sich an keiner Stelle ihres Essays in ein irgendwie geartetes numinoses Inneres von Walter Benjamin hinein. Dennoch erfahren wir, auf welche Weise Benjamin sich in seiner Zeit positionierte, wie er lebte, dachte und schrieb. Und die Person wird auf diese Weise lesbar.

Spannend sind auch die Porträts, die in Arendts 1948 erschienener Essay-Sammlung *Die verborgene Tradition* zu finden sind. Wie in *Menschen in finsteren Zeiten* werden die Personen, in diesem Fall alle jüdischer Herkunft, vor dem Horizont der Zeitläufte beschrieben. Heinrich Heine, Bernard Lazare, Charles Chaplin und Franz Kafka werden unter dem Gesichtspunkt ihrer Zugehörigkeit zu einem »Pariavolk« betrachtet.

Bei Heine, konstatiert Arendt, wird deutlich, was es heißt, wenn einer in seiner Kunst das Wesen der Freiheit entwirft. Heine ist ein Künstler, der traumwandlerische Paria, der »die Sprache eines freien Menschen sprach« und die »Lieder eines natürlichen Menschen« sang. In der Einleitung zu den Essays geht Arendt auch auf Max Weber ein, der das Schicksal der europäischen Juden als das eines Pariavolkes deutet. Auf verschiedene Weise haben einzelne Juden versucht, ihren Platz außerhalb der Gesellschaft zu finden. Heine wehrte sich erfolgreich dagegen, die »Götzen gesellschaftlichen Vorteils« anzubeten.

In einem zweiten Essay beschäftigt sich Arendt mit Bernard Lazare, den sie im Unterschied zu Heine einen »bewussten Paria« nennt. B. Lazare war in Arendts Augen der politische Paria, der es sich niemals hätte vorstellen können, zum »Schnorrer« zu werden und sich von der großen Schicht der »Parvenus« in der jüdischen Gesellschaft durch Wohltätigkeiten vom politischen Handeln abhalten zu lassen. Auch Lazare hat sich der Fremdherrschaft verweigert, wollte aber dennoch eingreifen in die »Menschenwelt«, wie Arendt sagt, und sich verantwortlich fühlen.

In Arendts Porträts treten Heine und Lazare in Erscheinung und zeigen, wer sie sind, ohne dass die Autorin sich in ihr Innerstes vergraben müsste. Ganz besonders deutlich wird ihre Vorgehensweise aber im Porträt von Charlie Chaplin. Der Untertitel dieses Textes lautet: *Der Suspekte*. Wenn einem jemand suspekt ist, so bedeutet das, er ist nicht ganz geheuer, eine schillernde Figur, in deren Gegenwart einem nicht richtig wohl sein kann. »Dem Paria, stellte sich heraus, der außerhalb der Gesellschaft steht und aller Welt suspekt ist, gehörte die Sympathie des Volkes, das offenbar in ihm all das wiederfand, was an Menschlichem in der Gesellschaft nicht zu seinem Recht kommt.«[14] Der Suspekte ist unschuldig, weil die Strafen, die ihn ereilen, nie im Zusammenhang stehen mit seinen Missetaten, schreibt Arendt. »In diesem kleinen, erfindungsreichen, verlassenen Juden, der aller Welt suspekt ist, begriff sich der kleine Mann aller Länder.«[15] Das funktioniert aber nur so lange, bis die wirtschaftliche Situation den kleinen Mann nach dem »Superman« rufen lässt und ab da wird Chaplin nicht mehr verstanden.

Das vierte und letzte Porträt wendet sich Franz Kafka zu. Es trägt den Untertitel *Der Mensch mit dem guten Willen* und beschäftigt sich vor allem mit Kafkas Roman *Das Schloß*. K., der Mensch mit dem guten Willen, will nichts weiter als dazugehören, ununterscheidbar werden. Er wünscht sich Normalität, muss aber scheitern, solange das Dorf von den Schlossbewohnern beherrscht wird. »Alles, was natürlicher-, normalerweise in die Hand des Menschen gegeben ist, wurde ihm in dem System des Dorfes hinterrücks aus der Hand geschlagen und tritt ihm nun von außen – oder im Sinne Kafkas von ›oben‹ – als Schicksal, als Geschenk oder als Fluch, jedenfalls als undurchsichtiges Geschehen entgegen, das man nur berichten, aber nicht verstehen kann, weil man nichts an ihm selbst gemacht hat.«[16] K. fürchtet sich nicht, er kann nichts anfangen mit den mystifizierenden Geschichten der Dorfbewohner.

Nur innerhalb eines Volkes, das in Gemeinschaft mit anderen Völkern lebt, kann ein Mensch als Mensch unter Menschen leben. Die Erde ist eine von uns allen bewohnte und sollte von allen gepflegt werden. So lautet Arendts »Fazit«. In der Katastrophe des 20. Jahrhunderts jedoch führten alle Wege, die sie in diesen Porträts aufzeigt, in den Abgrund. Es konnte kein Weiterleben sowohl für den Paria als auch für den Parvenu geben. Beide waren zu »politischen Outlaws« geworden.

Ihr Buch *Die verborgene Tradition* widmet Hannah Arendt dem Freund Karl Jaspers.

> Was ich bei Ihnen gelernt habe und was mir in den folgenden Jahren half, mich in der Wirklichkeit zurechtzufinden, ohne mich ihr zu verschreiben, wie man sich früher dem Teufel verschrieb, ist, daß es nur auf die Wahrheit ankommt und nicht auf Weltanschauungen, daß man im Freien leben und denken muß und nicht in einem noch so schön eingerichteten ›Gehäuse‹, …[17]

Es ist interessant, dass Arendt in diesem Zusammenhang von Wahrheit spricht, was sie selten tut. Gemeint ist allerdings eine Wahrheit, die den freien Raum braucht und sich nicht in einem »Gehäuse« versteckt. In den folgenden Sätzen lobt Arendt Jaspers wunderbare Art des Zuhörens, seine Toleranz, »die von Skepsis gleich weit entfernt ist wie vom Fanatismus und schließlich nur die Realisierung dessen ist, daß alle Menschen Vernunft haben und daß keines Menschen Vernunft unfehlbar ist.«[18] In diesen Sätzen ist im Grunde alles ausgedrückt, was die große Freundschaft zwischen Arendt und Jaspers in den folgenden Jahren ausmachen wird: Die Fähigkeit zuzuhören steht dabei an erster Stelle. Dann kommt das Sprechen, ein Sprechen ohne »Hintergedanken«, wie Arendt schreibt. Zuhören und Sprechen in Offenheit ohne Hintergedanken: Dies ist die Basis des lebenslangen freundschaftlichen Gesprächs zwischen Arendt und Jaspers. Vor diesem Hintergrund hat Arendt auch die vier Porträts geschrieben. Ihr Thema ist die Paria-Existenz, die sie ihren Leserinnen und Lesern in Heine, Lazare, Kafka und Chaplin nahebringt. Ihr Hauptinteresse gehört einer Erhellung dessen, was das Leben als Paria bedeuten kann, nicht aber der individuellen psychischen Verfasstheit der vier Protagonisten. Auch hier gräbt sie nicht in irgendwelchen verborgenen Innenwelten, inneren Zentren, die es zu deuten gilt. Sie zeigt die Protagonisten in ihrer Welt, in der sie so oder so und nicht anders erscheinen.

1957 erscheint Karl Jaspers Werk *Die großen Philosophen*. In seiner Einleitung denkt er über menschliche Größe überhaupt nach: »Größe setzt voraus, daß ein Allgemeingültiges geschichtlich persönliche Gestalt annimmt.«[19] Jaspers entwickelt also seine persönliche Vorstellung von Größe und nähert sich aus dieser Perspektive den Philosophen, die er porträtieren möchte. Das eigentliche Subjekt ist nicht die Person, sondern »ein Allgemeingültiges«. Der Horizont ist gesteckt. Jaspers macht sich auf die Suche nach Philosophen, bei denen er das, was für ihn Größe ausmacht, findet. Er hat ein im Vorhinein festgestecktes Ziel, das er im Blick behält. Besonders augenfällig ist das in seinem Augustinus-Porträt. In der biografischen Einführung reiht er Lebensmomente aneinander, als könne er es nicht erwarten, zum in seinen Augen offenbar Eigentlichen des Lebens von Augustinus, nämlich der Bekehrung, zu kommen. Jaspers Darstellung wirkt ziemlich blass, vor allem dann, wenn man sie vergleicht mit Augustins eigener Lebenserzählung in seinen *Confessiones*. Durch all diese Sätze von Jaspers hindurch blickt kein Gesicht, dieser Augustin ist nicht einmal rätselhaft, er kommt gar nicht zu irgendeiner Form von persönlicher Anwesenheit. Aber das bezweckt Jaspers ja auch gar nicht. Für ihn steht das Allgemeingültige im Vordergrund. Jaspers sieht in der Bekehrung das Schlüsselerlebnis für Augustins Leben und Philosophieren. Über Augustins Jugendzeit schreibt er:

> Dieses Leben brachte ihm die Lust des Daseins, die sinnliche Fülle – und die Schalheit. Der Neunzehnjährige erfuhr den mächtigen Impuls der Philosophie. Er drängte aus der Schalheit ins Wesentliche.[20]

Ein erster Schritt war getan, aber die entscheidende Wende geschah erst mit der Bekehrung. Und so kommt für Jaspers in Leben und Werk des Augustin das Allgemeingültige zum Vorschein. Dass es einer schafft, aus einer Lebensschalheit heraus in die Daseinsfülle zu gelangen, bewundert Jaspers. Dass es das gibt. Und dass die Philosophie eine entscheidende Rolle spielt. Und so schreibt Jaspers über das Wesen von Bekehrung, über die Macht der Philosophie, auch wenn er eigentlich seinen Leserinnen und Lesern die Gestalt Augustins näherbringen will.

Bei Kant sieht es ganz ähnlich aus. Was allerdings besonders ist an dieser biografischen Annäherung, ist der Eindruck, hier beschreibe Jaspers sich selbst und seinen Weg in die Philosophie. Der »gewissenhafte und sorgfältige Mensch«, die Strenge und Disziplin dem eigenen Körper gegenüber, permanente leidenschaftliche Wahrheitssuche, die große Bedeutung der Humanität. Die Ausführungen wirken ein wenig hilflos, uninspiriert, vielleicht aufgrund der großen Nähe, die Jaspers zu Kant empfindet. Bezüglich des Privatlebens von Kant ergeben sich sogar ungewollt Bemerkungen, die kurz davor sind, ins Komische zu kippen. »Kant blieb Junggeselle. Zweimal konnte es scheinen, daß er auf dem Wege einer Liebe war. Er zögerte so lange, daß die Partnerinnen andere Bindungen eingingen.«[21] Da zeigt sich kein wirklich präsenter, lebendiger Kant, das wirkt wie aus der Ferne her gesprochen. Das Private interessiert Jaspers ganz offenbar nicht, was verständlich ist, zeigt sich darin eben gar nicht das Überzeitliche, Allgemeingültige, wonach Jaspers sucht, was in seinem Forschungsinteresse liegt.

Karl Jaspers in seiner Bibliothek, 1956.

Jaspers schreibt seine einleitenden biografischen Porträts in einer Absicht. Er erwirbt im Schreiben seiner Porträts nicht viele neue Erkenntnisse, man hat den Eindruck, er schreibt ab, was er schon weiß. Arendt lässt sich beim Schreiben immer wieder überraschen, bricht bereits Gewusstes auf, öffnet Spielräume, in denen die Porträtierten lebendig werden, überraschende Einblicke gewähren. Jaspers verfolgt die Absicht, Spuren des Allgemeingültigen im Leben und Werk der Porträtierten wahrzunehmen. Arendt sucht das Besondere jedes Einzelnen darzustellen. Natürlich mag es nicht ganz fair erscheinen, Arendt und Jaspers auf diese Weise nebeneinanderzustellen, bemühen sich doch beide gleichermaßen, ihrem eigenen Ansatz gerecht zu werden. Trotzdem bleibt natürlich die Frage, ob nicht Jaspers stärker als Arendt mit vorgefassten Vorstellungen von dem, was ein gelungenes philosophisches Werk ausmacht und dessen Gelingen ermöglicht, antritt.

In einem Brief an die Freundin Mary Mc Carthy schreibt Arendt
am 7. Juni 1972 über *Die großen Philosophen*:

> Ich mag dieses Buch sehr, vielleicht am meisten von Jaspers späteren
> Schriften. Es ist wirklich originell insofern, als es *nicht* eine Geschichte
> der Philosophie im Sinne einer Geschichte von ›Ideen‹ ist; er nimmt
> die Ideen aus der chronologischen Reihenfolge heraus, und es ist, als
> ob Du einen riesigen Palast betrittst, in dem Du sie alle irgendwo, in
> der einen oder anderen Ecke, finden wirst. Sie sind alle Zeitgenossen,
> und er spricht mit ihnen und gegen sie, manchmal sogar ziemlich un-
> gerecht, als wären sie *da*.[22]

Arendt hat damit den positiven Aspekt der Philosophenporträts
herausgestrichen. Jaspers erzählt keine Ideengeschichte und er erzählt keine »Geschichten« über die von ihm porträtierten Philosophen. Er erzählt überhaupt nicht. Er tritt in der Tat ins Gespräch
mit den Philosophien und so ergibt sich der Eindruck der Zeitgenossenschaft. Jaspers Anliegen ist es zu zeigen, was »alle große
Philosophie« will. Da kommt dann Descartes nicht wirklich vor,
weil bei ihm der Glaube der Kirche im Hintergrund stehe. Begeistert hingegen zeigt sich Jaspers von Spinoza, den er unbedingt zu
den großen Philosophen zählt. Zentral ist für Jaspers, dass auch
Spinoza ein Philosoph gewesen sei, dem Philosophie »Lebenspra-
xis« war. Über Spinozas Metaphysik schreibt Jaspers: »Daß diese
echt ist und eins mit seinem Leben, macht seine Größe aus.«[23] Hier
ist es wieder, das Grundwort: Größe.

»Jaspers schreibt so ungefähr alle zwei Tage; …«[24]
So schreibt Hannah Arendt am 24. April 1952 an Heinrich Blücher. Der Briefwechsel zwischen Arendt und Jaspers gehört zu den
lebendigsten schriftlichen Zeugnissen, die die beiden hinterlassen
haben. Nirgendwo sonst wird der so ganz persönliche Karl Jaspers
sichtbar. Seine große Freude an der puren Existenz Hannah Arendts

wird in jedem seiner Briefe an die Freundin deutlich. Ein Zeichen dafür ist auch die frühe Anrede mit dem Vornamen, Hannah, auch in dem Stadium ihrer Begegnung, in dem sie sich noch siezen. Dass Arendt ihren Freund in den Briefen immer mit »Lieber Verehrtester« anspricht, egal ob sie ihn siezt oder duzt, spricht für die Spur an Distanz, die sie gewahrt wissen will bei aller gefühlten Nähe. Und vielleicht ist es auch ihre Absicht, dem weitaus älteren Freund und Lehrer den Eindruck zu vermitteln, es gäbe einen, wenn auch kleinen Rangunterschied.

Auf jeden Fall liegt im Briefwechsel Arendt-Jaspers das intimste Zeugnis ihrer Freundschaft der lesenden Öffentlichkeit vor. Vor allem lernen wir auf diese Weise einen ganz neuen Karl Jaspers kennen, einen Briefschreiber, dem es auf Nähe ankommt, und der so absichtslos schreibt wie nirgendwo sonst. Er hat nur sein Gegenüber, Hannah Arendt, im Blick. Am 2. Dezember 1945 schreibt Jaspers:

> Heute kam der erste Brief von Ihnen. Wir danken Ihnen beide herzlich. Aus Ihren Worten fühle ich nicht nur die persönliche Treue, sondern den Geist unbefangener Menschlichkeit, der so unendlich wohltut. Eine Träne kam mir beim Lesen Ihres Briefes, weil ich fühlte, wie selten er ist – und ich grade gestern wieder Enttäuschungen hatte mit denen, die jetzt gemeinsam neue Wege suchen.[25]

Jaspers zeigt Rührung, und das im ersten Brief nach dem Krieg und diesen langen Jahren, in denen es keinen Kontakt gab zwischen ihm und Arendt. Am 19. April 1947 benutzt Jaspers eine neue Anrede: »Liebe und verehrte Hannah«. Und am 3. Mai beginnt Arendt ihren Brief mit »Lieber Verehrtester« und endet mit »Herzlichst Ihre Hannah«. Im gesamten Briefwechsel spricht Arendt Jaspers nie mit »Lieber Karl« an. Sie bleibt bei »Verehrtester« und wenn sie an das Ehepaar Jaspers schreibt, beginnt sie mit »Liebe Freunde« oder »Liebste Freunde«. Da bleibt eine kleine Distanz dem väterlichen Freund gegenüber. Jaspers hingegen kann gar nicht anders, als seine überwältigende Freude darüber auszudrücken, dass er Hannah Arendt »gefunden« hat. Die Basis, einmal gelegt, bleibt bestehen, auch wenn beide immer wieder unterschiedlicher Meinung sind. Die Briefe sind eine wichtige Ergänzung zu den Gesprächen, weil sie die Möglichkeit geben, nachdenkend stärker bei sich zu sein als im direkten Austausch. Der Bereich dazwischen lässt Atempausen zu und wird nicht im permanenten Hin und Her geflutet. Dennoch gibt es auch im brieflichen Kontakt für Arendt und Jaspers immer ein »Worüber«. Das heißt, auch hier, in den Briefen, geht es um die gegenseitige Vergewisserung einer gemeinsamen Welt. Diese Kontinuität ist für beide von entscheidender Bedeutung und so lässt sich an ihrem Briefwechsel eine gleichbleibende sensible Streitkultur ablesen. Nie geht es darum, aus einem Wunsch nach Harmonie heraus inhaltliche Differenzen zu glätten. Und selbst bei Jaspers hat man den Eindruck, es falle ihm ungewöhnlich leicht, die »richtigen« Worte zu finden. Die gewohnte Sachlichkeit stellt sich wie selbstverständlich ein und verbindet sich mit einem sehr persönlichen Ton. Ende September 1965 schreibt Jaspers:

> Sicher ist das Naturgesetz, noch sicherer ein Mensch, das sicherste, das es gibt, und gar nicht, auf keine Weise, objektiv, nicht durch Vertrag und nicht durch Abrede.[26]

Eine Sicherheit, die keine Versicherungen gibt, so erlebt Jaspers seine Freundschaft mit Arendt. Jaspers Gesundheitszustand ist zu dieser Zeit sehr fragil, er hat große Schmerzen in den Gelenken und bekommt Cortison-Einspritzungen. Natürlich macht Arendt sich Sorgen, die sie auch äußert, aber niemals in einem panischen Ton. Nachdem Arendt geschrieben hat, sie und ihr Mann, Heinrich Blücher, hätten in den USA das Gefühl, eine Art »fremdartige Tiere«

zu sein, seien aber froh, dass man sie mit Wärme und Offenheit empfangen habe, schreibt Jaspers:

> Dein Brief begleitete mich lange in der Stimmung: Der Ausdruck Eures Fremdseins in einer Welt, in der die Menschen Euch so überaus freundlich begegnen, daß Ihr Euch zu Hause fühlen könntet, wenn nicht dieses ›Etwas‹ wäre, aus Eurer Herkunft und Eurem Wesen her. Aber wie schön ist es doch! Solche Menschen, wie Eure Dichter und Freunde, scheint man wohl nur in Amerika zu treffen. Der kaum sichtbare Schatten von Trauer auf Deiner so lebendigen, weltzugewandten, die Welt bejahenden und sich des Daseins freuenden Erscheinung kam mir wieder zu Bewusstsein.[27]

Es liegt Jaspers viel daran, die »ganze« Hannah Arendt kennenzulernen, wahrzunehmen, nichts auszulassen oder zu verdrängen. Das ist das Befreiende und Überraschende an der Beziehung von Jaspers zu Arendt. So setzt er sich auseinander mit ihrer Schilderung des Phänomens, fremd zu sein in der Wahlheimat, auch wenn man warm und herzlich empfangen wird. Er macht nicht den Versuch, in ein wie auch immer zu definierendes Innerstes Arendts einzudringen. Er nähert sich über das Phänomen, das sie beschäftigt, sie umtreibt. Auf diesem Weg erschließt sich ihm die Person. Um seine eigenen Empfindungen überzeugend darzulegen, wählt er die Briefform. Niemals geht es in den Briefen darum, den oder die andere zu durchleuchten.

Wie sehr Arendt der Briefwechsel mit Jaspers wohl tut, wird aus einem Brief vom 14. Januar 1946 an einen anderen Freund deutlich. An Kurt Blumenfeld schreibt sie:

> Ich hatte in den letzten Monaten doch eine große Freude, die ich nicht unterschlagen darf. Ich bin wieder mit Jaspers in Kontakt und in einem sehr nahen. Er schreibt außerordentlich schöne Briefe, und ich bin irgendwie sehr erleichtert, daß die Kontinuität meines Lebens oder, wenn

Du so willst, meiner Gefühle, sich an ein paar wichtigsten Punkten aufrechterhalten lässt.[28]

Ganz egal, wie Blumenfeld zu Jaspers steht, und er betrachtet ihn in der Tat recht kritisch, so lässt Hannah Arendt Blumenfeld gegenüber keinen Zweifel aufkommen an ihrer tief empfundenen Dankbarkeit für diese Freundschaft. Blumenfeld gegenüber spricht sie auch davon, dass man Jaspers kennen und persönlich mit ihm sprechen müsse. Es reiche nicht, seine Werke zu lesen. Im Gespräch komme eine ganz andere Qualität hinzu. Aber sie differenziert, wenn es um ihre Wahrnehmung der schriftlichen Zeugnisse von Jaspers geht. Und die Briefe erlebt sie sehr positiv. Man kann ihr das abnehmen, denn sie ist selbst eine große Briefeschreiberin, deren Briefstil nie eintönig wird, weil sie sich mit der größtmöglichen Sensibilität und Wachheit auf ihre Briefpartnerinnen und -partner einlässt.

Die großartige Stilistin Hannah Arendt hat ihr Können vielleicht am besten in ihren »Denktagebüchern« unter Beweis gestellt. Sie wurden zwischen 1950 und 1973 verfasst und können eine unerschöpfliche Fundgrube genannt werden. Hier pflegt Arendt den Dialog mit sich selbst in vollkommener Weise. Egal, ob es um rein Philosophisches, Gedanken zum Politischen oder zur Geschichte, um die Auseinandersetzung mit Menschen, Philosophen, Dichtern und Schriftstellern, Politikern geht oder blitzartige Erkenntnisse zu den unterschiedlichsten Themen niedergeschrieben werden, so ist das Niveau durchgängig entschieden hoch. Auch zu Tod, Liebe, Zeit, Gott äußert sich Arendt nirgendwo so präzise, ehrlich und in einer genauen Sprache, wie in ihren Denktagebüchern. Auch über Jaspers schreibt sie auf sehr besondere Weise. So kann man im Dezember 1950 in einem Denkbruchstück, in dem es um die Nähe des Philosophen zum Tyrannischen geht und zwar seit Plato, lesen:

> Die Frage ist: Gibt es ein Denken, das nicht tyrannisch ist? Dies eigentlich Jaspers Bemühen, ohne dass er es ganz weiß. Denn Kommunikation im Gegensatz zur Diskussion – dem ›advokatorischen‹ Denken – will nicht sich der Wahrheit durch Überlegenheit der Argumentation vergewissern.[29]

Schon in einem frühen Stadium ihrer Beziehung tut Arendt kund, dass sie Jaspers in manchem Punkt durchschaut, dass es Dinge geben mag, deren er sich nicht bewusst ist, die die Freundin aber wahrnimmt. Das Denktagebuch ist der richtige Ort für solch blitzartige Erkenntnisse. Sie scheinen wie hingeworfen und dennoch frappierend in ihrer Klarheit, niemals endgültig, sondern in der Tendenz offen, für ein weiterführendes Denken, für Gespräche, Spielbälle.

> Jaspers kann man nur ganz verstehen, wenn man ihn kennt. In seinen Schriften ist er immer nur halb da. Niemand kann so zuhören *und* antworten, das gleiche Gespräch über viele Tage hin durchhalten, bis das ganze Hin und Her in ein eigentümliches Licht, in eine wirkliche Helle getreten ist.[30]

Jaspers verschwindet fast in der Absicht, mit der er schreibt. Weil er in seinem Buch über die großen Philosophen so tut, als wäre er ganz leibhaftig im Gespräch mit ihnen, empfindet Arendt dies Werk als besonders gelungen. Es entwickelt hier eine Art Mündlichkeit in der Schriftlichkeit.

Karl Jaspers und Hannah Arendts Formen des Schreibens unterscheiden sich in der Intensität der Konzentration auf Schriftlichkeit. Wenn Arendt schreibt, dann aus dem Wunsch heraus, auf diesem Weg ihre Leserinnen und Leser zu erreichen. Wenn Jaspers schreibt, hat man den Eindruck, er würde viel lieber sprechen. Sein Schreiben ist eine Art »Notlösung«. Eine hauptsächlich auf Schriftlichkeit basierende Freundschaft wäre zwischen Arendt und Jaspers nicht möglich gewesen. Diese Freundschaft brauchte die Mündlichkeit, das Gespräch von Angesicht zu Angesicht, die körperliche Präsenz der beiden Gesprächspartner. Die hohe mündliche Gesprächskultur war die Basis für den Respekt den schriftlichen Äußerungen des/der jeweils anderen gegenüber.

Aneinander vorbeilesen:
Gespräche mit und über Literatur

Im Vorwort zu ihrer Essaysammlung *Menschen in finsteren Zeiten* nimmt Hannah Arendt Bezug auf Martin Heideggers Analyse des »Geredes« in *Sein und Zeit*. Dabei geht es ihr nicht vorrangig um die philosophische Relevanz des untersuchten sprachlichen Phänomens, sondern darum, dass Heidegger hier eine »unterschwellige Zeiterfahrung« begrifflich gefasst habe. Das Gerede ist für Arendt von Heidegger aus gedacht eine Form des Sprechens, die dem Alltäglichen ausgeliefert bleibt und Erfahrungen nicht zu erhellen vermag, sondern im Gegenteil sogar verdunkelt. Der Erscheinungsraum des Öffentlichen vermag es nicht, das, was ist, in seiner wahren Gestalt ans Tageslicht zu befördern. Stattdessen herrschen Bedeutungslosigkeit und Trivialität.

Hannah Arendt sieht dies Phänomen des verdunkelnden Geredes auch in einem literarischen Text perfekt beschrieben. Es handelt sich um Jean Paul Sartres Roman *Der Ekel*. Auch darauf weist sie im Vorwort zu *Menschen in finsteren Zeiten* hin. Wenn die Bedeutungslosigkeit der alltäglichen Welt sich heranwälzt, den Einzelnen zu erdrücken scheint, er sich nicht mehr wehren kann gegen diesen Ansturm, sondern einen tiefen Ekel empfindet, muss er sich entscheiden: für oder gegen sein Existieren. Die literarische Aussage Sartres entspricht in den Augen Hannah Arendts im Kern der philosophischen Aussage Heideggers.

Würde man Karl Jaspers auch eine derartige Fast-Gleichsetzung der Aussagekraft philosophischer und literarischer Texte zutrauen? Immerhin zeichnet sich Hannah Arendts Denken immer, egal um welchen thematischen Bereich es geht, auch durch ein genaues Hören auf das aus, was in literarischen Texten zum Thema gesagt wird, dort aber natürlich auf spezifisch literarische Weise. Sie bewegt sich souverän und doch nie dozierend in den großen Werken der Weltliteratur. Was Jaspers als Kennzeichen echten Philosophierens feststellt, nämlich den freien Umgang mit dem bereits Gedachten, ohne jemals den Anspruch zu erheben, ein für alle Mal wissen zu wollen, praktiziert Arendt in ihrer Beschäftigung mit der Literatur. Dabei steht für sie jederzeit das Literarische des literarischen Textes im Mittelpunkt und nicht die Aussage als solche. In ihrer Betrachtung einzelner Dichter und Dichterinnen legt sie ihr Hauptaugenmerk auf ihr Schreiben und nicht auf das, was sie vielleicht persönlich in ihrem Privatleben oder ihrem Erscheinen in der Öffentlichkeit waren. »Der einzige Maßstab, nach dem auch das persönliche Verhalten des Dichters zu beurteilen ist, ist seine Dichtung.«[1] Für Hannah Arendt beansprucht Dichtung Eigenständigkeit und ist keine direkte Übertragung dessen, was die Person des Dichters oder Schriftstellers, der Dichterin oder Schriftstellerin ausmacht. Dichter zu sein kann sogar für die Person heißen, sich in einer bestimmten Atmosphäre einzurichten, sich in diesem besonderen Raum hin und her wehen zu lassen, selbst zu einer Art zauberischem Wesen zu werden. Und so kommt es bei Arendt zu überraschenden Äußerungen. In ihrem Essay über Randall Jarrell schreibt sie:

> Es war so, als wäre er von irgendeinem magischen Wind in die Städte der Menschen geblasen worden oder aus den Märchenwäldern unserer Kindheit aufgetaucht, hätte die Zauberflöte mitgebracht und hoffte nun nicht nur sondern *erwartete*, daß alle und alles sich zum mitternächtlichen Tanz einfänden. Was ich damit sagen möchte, ist, daß Randall Jarrell selbst dann ein Dichter gewesen wäre, wenn er nicht ein einziges Gedicht geschrieben hätte -…[2]

Arendt versucht also, der Erscheinung des Dichters näherzukommen, wobei es nicht ganz unwichtig ist, zu erwähnen, dass sie zwischen dem Dichter und dem Schriftsteller, zwischen Lyrik und Prosa unterscheidet. Beiden Genres gegenüber ist sie sehr empfänglich. Sehr deutlich wird das in ihrer Beschäftigung mit Wystan H. Auden, den sie erst spät in ihrem Leben kennenlernte und als sehr schweigsamen, verschlossenen Menschen erlebte. Als sei die Schweigsamkeit eine Art »déformation professionelle« des Dichters. Im Falle von Gedichten spricht Arendt vom »flüssigen Ausdruck«, auch von Magie, wenn nämlich Tatsachen, Alltägliches, ins Poetische gehoben werden. Als läge selbst in der Alltagssprache schon die Möglichkeit des Poetischen verborgen. In diesen Reflexionszusammenhang gehört auch Arendts Essay über Walter Benjamin, in dem sie einen dichterisch Denkenden sieht. Er sei wie Mallarmée von einer »immortelle parole« ausgegangen, habe »sprachliche Gebilde nicht auf ihren Nützlichkeits- und Mitteilungswert« befragt, »sondern sie in ihrer kristallisierten und daher prinzipiell fragmentarischen Form als intentionslose und kommunikationslose Äußerungen eines ›Weltwesens‹« verstanden. Die Sprache habe Benjamin ganz und gar von der Dichtung her betrachtet.

In der Auseinandersetzung mit Literatur gibt sich Jaspers scheinbar klar. Das Flüssige, von dem Arendt in Bezug auf die Dichtung spricht, sieht Jaspers nur im philosophischen Denken. Indem scheinbar bereits Gewusstes in einen erneuten Denkprozess hineingenommen wird, verliert es seine feste Gestalt. In der Kunst hingegen, und in diesem Bereich verortet er auch die Literatur, werde die Wirklichkeit im Bild festgestellt. Jaspers bringt Kunst in Zusammenhang mit Erlösung, Erfüllung, dem Fehlen von Mangel, Verklärung. »Während daher das Ziel des Philosophierens das Denken in der Wirklichkeit des Lebens selbst ist, bleibt der Sinn in der Aneignung der Kunst grade diese Trennung zwischen Wirklichkeit und kontemplativer Versenkung.«[3] Kunstwerke sprächen uns nicht im Letzten an, so Jaspers Meinung. Wirkliche Offenheit nach allen Seiten gebe es nur im philosophischen Denken. Eine Person wie die von W. H. Auden wäre für Jaspers im Grunde lediglich eine ästhetische Existenz, die sich vom wirklichen Leben abgewandt hat. »Im ästhetischen Leben ist der Mensch nicht als er selbst da; er erkennt nicht Treue, Kontinuität, Verpflichtung an, es sei denn durch eine auch einmal gewählte Gebärde. Das Unbedingte ist verloren; Daseinselend und Kunsterlösung wechseln ab.«[4]

In ihrem Leben sind Künstler Elende, in der Kunst schaffen sie Erlösung. Hier zeigt sich wieder der strenge Moralist. Karl Jaspers schafft es nicht, der Kunst und in diesem Fall der Literatur einen offenen, erkenntniserweiternden, wirklichkeitsgesättigten Charakter zuzuschreiben. Auf der einen Seite steht der am Dasein leidende Mensch, auf der anderen der Erlösung bringende Dichter.

Wie anders Hannah Arendt: In ihren Augen ist es gerade diese Art »Daseinselend«, von der Jaspers spricht, die einen wie Auden befähigte, zu einem großen Dichter zu werden. Arendt spricht von Audens Begabung, sich verletzen zu lassen durch all das Elend, was ihm widerfuhr. Keine Erlösung, keine Verklärung, kein Loslassen des Leids im Entzücken über ein vollkommenes Gedicht.

Sehr deutlich kommt Jaspers Ansicht des Dichters in seinen Äußerungen zu Goethe zum Vorschein. Er schreibt nicht über das Literarische seines Werks, sondern vor allem über den Menschen Goethe, seine Weite und Tiefe. Er ist für ihn der Dichter einer Weltliteratur, die die Einheit der Menschheit heraufbeschwört. Und so lautet der Titel von Jaspers Vortrag zu Goethes 200. Geburtstag 1949 in der Universität Münster *Goethes Menschlichkeit*. Jaspers sieht Goethe sogar als Philosophen:

> Goethe verwandelt seine Erfahrung nicht nur in Gestalt, sondern auch in Gedanken. Er ist geführt von Reflexion, getragen von einem Unterbewußtsein, das unablässig ins Helle des Bewußtseins drängt. Ein solches Menschsein heißt Philosoph sein. Denn der im Ganzen denkende und sich vergewissernde Mensch ist als solcher Philosoph. Goethe ist dies im höchsten Maß.[5]

Als habe Jaspers im Grunde Angst vor dem Dichterischen der Dichtung, vor dem Dichter, der nichts sein will als Dichter. Und ein so großer Dichter wie Goethe muss einfach auch in seiner Menschlichkeit groß gewesen sein. Und er muss im tiefsten Inneren eben auch ein Denker, ein Philosoph gewesen sein.

Hannah Arendt äußert sich selten zu Goethe. In einem Brief aus Italien, wo sie sich im Mai 1963 mit Heinrich Blücher aufhält, schreibt sie: »Ich habe fast nichts gelesen in all den Wochen, nur Goethes ›Italienische Reise‹. – Darüber wäre manches zu sagen.«[6] Tut sie aber nicht, zumindest nicht brieflich. Und so ist es sicher nicht verwegen, anzunehmen, dass Arendts Bild von Goethe stärker literarisch als persönlich bestimmt ist. Und dass sie sich womöglich scheut, sich gegenüber dem Freund Jaspers dazu zu äußern.

Interessant ist auch die Haltung beider Rolf Hochhuth gegenüber. Am 24.9.1963 wurde Hochhuths Stück *Der Stellvertreter* am Stadttheater Basel aufgeführt. Das Stück, in dem es um die Rolle von Papst Pius XII. während des Dritten Reichs geht, löste eine Riesenkontroverse aus. Von der Person Hochhuth ist Jaspers von der ersten Begegnung an sehr angetan. In einem Brief an Hannah Arendt spricht er ihm »beherrschte Geistesgegenwart« zu. Hannah Arendt sagt dazu: »Das Buch ist sehr sympathisch, leider dichterisch nicht sehr belangvoll.«[7] Womit alles gesagt ist.

Wie sehr Karl Jaspers das Werk eines Dichters von seiner Erscheinung als Person beziehungsweise dem Eindruck, den die Person auf ihn macht, abhängen lässt, zeigt seine Reaktion auf Hermann Broch. Hannah Arendt ist begeisterte Broch-Leserin, sie schickt den *Tod des Vergil* an Jaspers. Er schreibt, seine Frau lese, er selbst käme gerade nicht dazu. Das hört sich verdächtig nach einer nicht gerade vorurteilslosen Haltung Broch gegenüber an. Hannah Arendt gibt zwei Bände von Hermann Broch aus dem Nachlass heraus. Zum ersten Band schreibt sie sogar die Einleitung. Diese Einleitung zu *Dichten und Erkennen* liest Karl Jaspers. Im

Teil I der Einleitung *Der Dichter wider Willen* finden sich nur sehr wenige Unterstreichungen. Ganz anders in Teil III *Die Erkenntnistheorie*. Jaspers unterstreicht heftig, am Rand wimmelt es von Fragezeichen, von Ausrufezeichen. Dadurch bekundet er sein Interesse am theoretischen Hermann Broch, ein Interesse, das er dem Dichter offenbar nicht entgegenbringt. Auch den vierten Absatz mit dem Titel *Das Irdisch-Absolute* liest er genau. Karl Jaspers kommentiert brieflich, er habe gelesen, sei gefesselt gewesen, aber mit wachsender Abneigung und Broch sei ein »unglückseliger Mensch«. Und von einem »unglückseligen Menschen« liest Jaspers ganz offensichtlich nicht gern Literarisches. So könnte man formulieren, Arendt und Jaspers hätten irgendwie immer wieder aneinander vorbeigelesen. Hannah Arendts Literatur- und Dichtungsaffinität lässt in keiner Phase ihres Lebens nach. Sie ist eine Wort-für-Wort, eine Satz-für-Satz Leserin von hohen Graden. Sie beißt sich fest, will verstehen, was in einem Text ausgesagt wird. Ein literarischer Text, dem das Literarische fehlt, reizt sie nicht besonders. Ein Text, der sie anspringt aufgrund seiner literarischen Qualität, kann Denkräume eröffnen, bringt auf der Stelle auch die Fantasie in Gang.

Eine Ausnahme bildet die Beschäftigung mit Gotthold Ephraim Lessing. In der Beurteilung seines Werkes und seiner Persönlichkeit sind sich Arendt und Jaspers einig. Jaspers zeigt sich begeistert von Arendts Rede zur Entgegennahme des Lessing-Preises am 28. September 1959. Dass Lessing »aus seinem Wesen heraus menschlich« sei, fasziniert Jaspers. Und so unterstreicht er zum Beispiel in seinem Exemplar von *Nathan der Weise*, den er in einer Ausgabe der sämtlichen Werke Lessings von 1887 besitzt, vor allem die Ringparabel Zeile für Zeile. Ihn interessiert nicht das Drama als für das Theater geschriebenes Sprachkunstwerk. Ihn interessiert die Botschaft, die dieses Drama den Lesern beziehungsweise den Zuschauern übermittelt. In seinem Werk arbeite Lessing sich zur »Vernunft« heraus. Das heißt, für Jaspers spiegelt sich im Werk Lessings seine eigene Entwicklung hin zu immer mehr Mensch-

lichkeit wider. Deshalb muss es Jaspers gefallen, wenn Hannah Arendt schreibt, für Lessing sei das Wesen der Poesie Handlung gewesen. Für ihn gelte die Forderung, ein Kunstwerk müsse in sich vollendet sein, nicht. Lessing brauchte den »Effekt« in der Welt. Und so wendet sich Arendt in ihrer Rede nicht so sehr dem Dichter Lessing zu, sondern eher dem Denker Lessing. Sie analysiert nicht seine Werke auf ihren dichterischen Gehalt hin. Sie nimmt *Nathan der Weise* in den Blick hinsichtlich dessen, was sie als Hauptthemen ausmacht: Es genügt ein Mensch zu sein« und »Sei mein Freund!« Dann reflektiert Arendt die politische Relevanz von Freundschaft. *Nathan der Weise* ist für Arendt »das klassische Schauspiel der Freundschaft«. Sie betont, dass es das Gespräch ist, in dem sich die politische Bedeutung der Freundschaft und ihrer »eigentümlichen Menschlichkeit« manifestiere. »Wie sehr wir von den Dingen der Welt betroffen sein mögen, wie tief sie uns anregen und erregen mögen, menschlich werden sie für uns erst, wenn wir sie mit unseresgleichen besprechen können.[8]
Menschlichkeit erweise sich nicht in der Brüderlichkeit, sondern in der Freundschaft. Die Weisheit Nathans bestehe darin, die Wahrheit der Freundschaft geopfert zu haben.

Allerdings scheint es zwischen Arendt und Jaspers auch noch ein weiter gehendes Gespräch über Lessing gegeben zu haben. Am 11. September 1959 antwortet Jaspers wahrscheinlich auf einen Brief Arendts, der aber im Nachlass nicht vorhanden ist:

> Sie haben gewiß recht, daß Lessing nicht in die Weltliteratur gelangt ist – und viel historisch Erledigtes und rational Erdachtes bei ihm ist. In die Weltliteratur gelangt wohl nur der Schöpfer großer Symbole oder einer bis ins Einzelne für immer repräsentativen Menschlichkeit.[9]

»Gewiß«, »wohl nur«: Jaspers drückt sich vorsichtig zustimmend aus. Eigentlich spielt es ja für ihn gar keine so große Rolle, ob ein Dichter Werke der Weltliteratur verfasst oder nicht. Eigentlich kommt es ihm auf etwas ganz anderes an, auf den philosophischen Kern, auf die gedankliche Aussage. Aber Arendt und Jaspers bleiben im Gespräch, auch bei den heiklen Themen, sie streiten, sie setzen sich auseinander.

Noch deutlicher als bei Lessing zeigt sich die Streitgesprächssituation, wenn es um Bertolt Brecht geht. Im Juli 1965 berichtet Arendt Jaspers von der Fertigstellung eines Essays über Bertolt Brecht. Es handle sich dabei aber eigentlich um einen Aufsatz über ihr »langes Streitgespräch« zum Thema Brecht und über: »Ein guter Vers ist ein guter Vers«[10]. Was bedeutet, ein gutes Gedicht spricht für sich selbst und enthält keine darüber hinausreichende feste Botschaft. In Arendts Essay steht ein Satz, den Jaspers nicht unterschreiben könnte: »Der einzige Maßstab, nach dem auch das persönliche Verhalten des Dichters zu beurteilen ist, ist seine Dichtung.«[11] Jaspers würde wahrscheinlich umgekehrt sagen, dass der Maßstab für die Beurteilung eines Werkes der Dichter selbst sei. Die Faszination Hannah Arendts vor allem für den frühen Brecht, den Brecht des *Baal*, muss Jaspers befremden. In nie dagewesener Weise werde in der frühen Lyrik Brechts das Leben selbst hymnisch gefeiert, die Furcht vor der Hölle hinweggesungen. Im Wissen um das einmal und nicht wieder und der »jubelnden Ablehnung aller Jenseitsspekulationen« zeige sich der Stolz des Dichters. Arendt beschreibt im Anschluss sehr genau den weiteren Werdegang Brechts. Wie er sich in der rauen Realität wiederfand. Wie er mit seinem Hang zum Mitleid zu kämpfen hatte, sich dem Zwiespalt gegenübersah, helfen zu wollen und einsehen zu müssen, dass das schier unmöglich ist in einer schlechten Welt. Wie er sich den Kommunisten annäherte und schließlich sogar Stalin huldigte. Und als er schließlich aus der Emigration in seine Heimat Ostberlin zurückkam und sich konfrontiert sah mit der politischen Wirklichkeit, blieb ihm die dichterische Stimme weg. »Jetzt war er wirklich zum ersten Mal mitten drin, in der Politik und in der Wirklichkeit, und jetzt ging ihm die Stimme aus. Er hatte erreicht, was er wollte, und bewiesen, daß es für Dichter nicht heilsam ist, sich da anzusiedeln, wo, wie man sagt, die Fetzen fliegen.«[12]

In dieser Phase seines Lebens habe Brecht schlechtere Verse fabriziert als »irgendein beliebiger Literat«.

Sehr eindrücklich zeigt Jaspers Aufsatz *Über das Tragische* seine intensive Auseinandersetzung mit dem nicht aufzulösenden Streit von Dichtung und Denken. Er gibt zu, dass große Dichtungen nicht ausinterpretierbar sind. Sie machten sich überflüssig, sollten sie bis auf den Grund interpretierbar sein. Wo aber die Deutung klare Linien herausarbeite, trete etwas von dem zu Tage, was mehr ist als die Dichtung. In der Dichtung »verleibliche« sich das Tragische in verschiedenen Gestalten. Gestalten, die Schauplätze von Kämpfen werden. Der tragische Held sei der gesteigerte Mensch, der sich im Guten erfülle und im Bösen vernichte, als Dasein beide Male scheitere durch die Konsequenz »des wirklich oder des vermeintlich Unbedingten.« Die Tragödie zeige den Menschen jenseits von Gut und Böse in seiner Größe. In der Analyse tragischer Figuren wie Ödipus oder Hamlet offenbart sich Jaspers als Liebhaber der Dichtung, einer bestimmten Dichtung, der Tragödie von der Antike bis zu Shakespeare. Er schaut nicht von außen auf diese Gestalten, er kriecht in sie hinein. Für Jaspers ist es zentral, dass auch die Zuschauer in das tragische Wissen gebracht werden. In diesem Essay kommt Jaspers noch einmal auf *Nathan der Weise* zu sprechen. In dem Kapitel *Die philosophische Tragödie* spricht er über die Überwindung des Tragischen auf dem Grund tragischen Wissens. Dies sei neben dem Goethe'schen *Faust* nur im Nathan Lessings gelungen. Nach *Nathan der Weise* scheint aber für Jaspers keine ernstzunehmende Arbeit am Tragischen mehr entstanden zu sein. In Bausch und Bogen verurteilt Jaspers Dichter wie Hebbel oder Grillparzer. Ihnen weist er »ästhetische Unverbindlichkeit« zu. Es sei der Ernst der Bildung, nicht der Ernst der Existenz, der bei Hebbel und Grillparzer Gestalten erzeuge, die hohl klingen, wenn man sie auf Wahrheit abklopfe. Es bleibe das Pathetische, das Sentimentale, das Gedachte. Jaspers bleibt seltsam ungenau, denn was ist genau gemeint mit dem »Ernst der Existenz«, mit der »Wahrheit« in diesem literarischen Kontext?

Interessanterweise widerspricht Karl Jaspers in seiner kleinen Schrift *Die Sprache* seiner eigenen strikten Haltung der Dichtung und vor allem den Dichtern gegenüber. Hier nämlich heißt es:

> Dichtung ist das Organ, durch das wir den Weltraum und alle Gehalte unseres Wesens auf die natürlichste und selbstverständlichste Weise ergreifen. Hingerissen durch die Sprache verwandeln wir uns selbst. Unmerklich entfaltet die von der Dichtung erregte Phantasie in uns die Welt der Vorstellungen, vermöge der wir erst fähig werden, unsere Wirklichkeiten prägnant zu erfassen.[13]

Es gibt ihn, den Karl Jaspers, der sich durch Sprache verzaubern und überwältigen lässt. Auch wenn er ganz schnell den Riegel wieder vorschiebt und zu einem kontrollierten Sprechen zurückkehrt.

Wir können bei den Gesprächen zwischen Hannah Arendt und Karl Jaspers nicht dabei sein. Es ist aber sehr gut vorstellbar – und nach Arendt ist das Vorstellungsvermögen ja eine zentrale Erkenntnisinstanz –, dass dies über so viele Jahre geführte Gespräch nicht zuletzt durch die Eigenmächtigkeit der Sprache ihre Faszination behalten hat.

Natur und Welt

Im Umgreifenden des Weltseins werden wir ansichtig des Anderen, das wir nicht sind. Es ist uns als sein eigenes Wesen fremd, daher das Undurchdringliche. Wir nennen es die Natur. Die Natur bringen wir nicht hervor, aber nutzen sie und wehren uns gegen sie. Sie ermöglicht unser Dasein, bestimmt seinen Raum, aber wie gleichgültig gegen uns. Sie scheint sich nicht um uns zu kümmern und wird uns am Ende überwältigen.[1]

In den ersten beiden Sätzen des oben genannten Zitats kommt die Natur zunächst nicht vor. Das Erste und Nächste ist die Welt. Jaspers spricht dann vom Anderen, vom Undurchdringlichen, vom Fremden im Horizont des Umgreifenden. Und schreibt davon, dass wir diesem Fremden einen Namen geben: Natur. Natur ist mehr als der Mensch. Sie ist vor ihm da und überlebt ihn. Sie scheint sich nicht für uns zu interessieren, überlässt uns uns selbst. Für Jaspers ist Natur das Fremde, das Andere zu uns selbst, und sofern unser Dasein auch Natur ist, sind wir uns in diesem natürlichen Teil unseres Wesens fremd, eine Fremdheit allerdings, die wir verstehen und erforschen wollen. So wird Natur zum Gegenstand von Untersuchungen. Denn wir wollen die Natur nutzen und streben danach, sie zu beherrschen. Das Undurchdringliche soll begehbar werden durch die Arbeit des forschenden Verstandes. Auch wir als Teil der Natur wollen uns verständlich werden. Wir sind für uns selbst fremd, ein Anderes und werden uns zum Forschungsobjekt. »Dasein ist das Umgreifende, das, zum Forschungsobjekt geworden, als solches nicht mehr umgreifend, sondern ein Teilgegenstand der Welt ist, der uns in der Natur vorkommt.«[2] Dasein wird von uns betrachtet, soll verstehbar gemacht werden, hat durch den ihm eigenen Anteil an Natur einen Anteil Fremdheit.

Wie im Bereich des Handelns geht es auch bei der Beschäftigung mit der Natur für Jaspers sehr häufig um Zweckhaftigkeit. Das Reich der Zwecke hat seinen Platz im Bereich der Natur. »In der lebendigen Natur gibt es Zweckzusammenhänge, durch welche das Leben erhalten wird und in seiner unerschöpflichen Mannigfaltigkeit blüht.«[3] Diese Zweckzusammenhänge nennt Jaspers »erstaunlich« und findet darin ein Gleichgewicht. Sehr aktuell erscheinen Jaspers Äußerungen, wenn es um Artenvielfalt geht. Jede Art ist ein »Lebensbestand, ja sogar eine ganz eigene ›Welt‹«. Zunächst einmal ist dies eine Welt der Ordnung und Harmonie. In das Gleichgewicht der Natur brechen jedoch immer wieder Aspekte von »grausiger Unzweckmäßigkeit« ein. Jaspers spricht vom Doppelaspekt von Ordnung und Durchbruch, von einer Ergänzung der Teleologie der Natur durch eine »Dysteologie«. Die Durchbrüche haben nie einen absoluten Sinn, sondern bleiben relativ, sinnvoll nur für »irgendjemanden«, wie Jaspers sagt. Und dann sind da auch noch die zwecklosen, völlig sinnlosen Katastrophen. Jaspers stellt sich die für uns Heutige interessante Frage, ob das Ausmaß dessen, was durch den Menschen geschehe, irgendwann größer sein könnte als das, was die Natur aus sich heraus anrichtet. Er verneint diesen Gedanken mit dem Hinweis darauf, dass die Natur immer größer sein werde als alles, was der Mensch anrichten kann.

Die Ordnung wird durch einen solchen Durchbruch gestört beziehungsweise zerstört. Gestörtes oder Zerstörtes kann durch eine neue Ordnung wieder aufgefangen werden. Für Jaspers stellt sich die grundsätzliche Frage, ob Natur überhaupt ein harmonisches Ganzes ist, oder ob sie unbegründet in sich selbst zerrissen ist.

Ist sie ein Kosmos oder ein Chaos? Ist das Chaotische ein im Kosmos Überwundenes, Gebändigtes, nun nur noch partikular in Resten Vorkommendes? Oder ist der Kosmos eine im Chaos erscheinende selber nur partikulare Ordnung, eingebettet und am Ende wieder verschlungen vom Chaos?[4]

Die genaue Analyse der Polarität, der »universalen Polarität« von Ordnung und Durchbruch stößt an eine unüberwindbare Grenze. Der Mensch erfährt den Durchbruch und steht vor vielen Fragen. Sie bleiben unbeantwortbar. Was die Natur preisgibt, ist eine »Chiffrenschrift«, die auf einen »Grund des Seins« weist, »aber dies auch nur für den Menschen, der den eigentlichen Durchbruch in sich selbst erfährt.«[5] Am Beispiel Natur zeigt Jaspers etwas für sein Denken Wesentliches: Wenn es um Ordnung geht, um allgemeine Wahrheiten, um Regeln, man sich darum bemüht, Ordnung herzustellen, öffnet sich ein Schlund, zeigen sich Brüche, taucht Unerwartetes auf. »Die Ordnung des Daseins liegt auf dem Vulkan, der alles Geschehen ständig in ein turbulentes Chaos verwandeln möchte.«[6]

Ein zentraler Unterschied zwischen Arendt und Jaspers besteht hinsichtlich der Frage nach der Natur darin, dass Jaspers den Natur- und Weltbegriff auch immer wieder zusammendenkt, während Arendt Welt und Natur trennt. Jaspers spricht zum Beispiel von »Welten des Lebens in Wald, Wiese, Seen…« Jeder einzelne Naturzusammenhang ist eine Welt für sich. Jaspers nennt diese Welten auch Lebensgemeinschaften.

Arendt hat einen anderen Blick auf die Natur. Zwar bleibt ihr der Mensch als lebendes Wesen verhaftet, die Welt aber, von ihm geschaffen und »künstlich«, ein »Gebilde von Menschenhand«, ist der Natur nicht »absolut verhaftet.« Die Natur wird in diesem Zusammenhang von Arendt als »Reich des Lebendigen« bezeichnet. Von diesem Reich entfernt der Mensch sich in die von ihm errichtete Welt. Als Mutter alles Lebendigen bringt Arendt die Erde ins Spiel. So kann Arendt sagen, dass der Mensch auf die Erde geworfen sei, aber niemals in die Welt, wie Heidegger sagt. Schon in den einleitenden Bemerkungen zu *Vita activa* kommt Arendt auf die Naturwissenschaften und deren Versuche, Leben künstlich zu erzeugen, zu sprechen. Sollte dies gelingen, wäre es der »Rebellion des Menschen gegen sein eigenes Dasein« zu verdanken.

Arendt betrachtet die Geschichtswissenschaft als Vorbild für die Naturwissenschaft, vor allem für die heutige Naturwissenschaft, die es ihrer Ansicht nach vor allem mit Prozessen zu tun hat. Umgekehrt beeinflusst die naturwissenschaftliche Denkweise die Geschichtswissenschaft. »Geschichte und Natur sind komplementäre Begriffe der Neuzeit. Beide setzen den ›Prozess‹ voraus, der dann zur ›Entwicklung‹ und schließlich zum Fortschritt wird. Moderne Naturwissenschaft und moderne Geschichtswissenschaft unterscheiden sich von aller vorherigen darin, dass sie es mit Prozessen zu tun haben.«[7] Mit der Entwicklung der modernen Naturwissenschaft wird im Grunde das Natürliche, Erdhafte der Natur zerstört. »Die moderne Naturwissenschaft beginnt mit dem Versuch, das Universum zu verstehen, und endet mit der Einführung universaler Gesetze in die Natur: Zerstörung der Erdnatur durch ›universale‹ Prozesse.«[8] Die naturwissenschaftliche Forschung gehört für Arendt in den Bereich des Handelns, weil sie Prozesse in Gang bringt, deren Ende unabsehbar ist. In der Natur selbst sind solche Prozesse nicht vorgesehen. Die moderne Naturwissenschaft, so Arendt, sieht die Natur nicht mehr als Gegenstand, sondern handelt in sie hinein. Zentral ist in diesem Zusammenhang der Entwicklungsbegriff. Das Experiment bringt die Natur dazu, sich den Vorgaben entsprechend zu entwickeln und zwar ins Unabsehbare hinein. In seinem Aufsatz *Die Frage nach der Technik* sagt Martin Heidegger, das Experiment werde bestellt zur Befragung der Natur und zwar daraufhin, »ob sich die so gestellte Natur und wie sie sich meldet.«[9] Damit ist genau das gemeint, was auch Arendt ausdrückt.

Arendt ist der Meinung, die so bestellte Natur dringe schließlich in den Bereich des menschlichen Lebens. Indem man Naturkräfte, zum Beispiel Wasser und Wind gebraucht, und sie schließlich menschliche Anstrengung ersetzen, kann sich das Verhältnis von Mensch und Natur dahingehend verändern, dass die hergestellten Naturkräfte nun beherrschend sind. Als Höhepunkt dieses Prozesses nennt Arendt die Atomzertrümmerung. »Naturkräfte werden losgelassen, weder hergestellt noch eigentlich benutzt. Die Elemente selbst dringen in die menschliche Lebenswelt ein.«[10]

In ihrer Haltung der Naturwissenschaft gegenüber unterscheiden sich Arendt und Jaspers dergestalt, dass Jaspers ausgeht von der Natur als Gegenstand der Wissenschaft, Arendt jedoch den Prozesscharakter betont, in den die Natur durch die Wissenschaft gezwungen wird. Während die Natur bei Jaspers sich zwischen den Polen Ordnung und Chaos bewegt, tritt sie bei Arendt in die Zeitlichkeit ein. Die Bewegung der Natur, wie Jaspers sie sieht, bleibt dem Menschen fremd. Bei Arendt ist sie ein Teil des Menschen und verstärkt ihre Wirkung, je intensiver sich die Naturwissenschaft mit ihr befasst. Jaspers unterscheidet die Naturwissenschaft von anderen Weisen des Erkennens, indem er betont, die Naturwissenschaft verzichte auf Weltbilder. Sie gibt nach Jaspers eine »methodisch bestimmte Perspektive«. Diese stößt an Grenzen. Forschung kümmert sich um Dinge in der Welt und bleibt in der Welt. »Nur *in* der Welt kommt uns alles erforschbare Sein vor. Die ganze Welt ist nie als Gegenstand für uns da. Gegenstände sind erkennbares Weltsein in der Welt.«[11] Die Welt ist für Jaspers unendlich, das Endliche ist Gegenstand der Forschung.

Ganz anders Hannah Arendts Welt-Begriff. Für sie gibt es die Welt als solche überhaupt nicht. Welt ist für sie immer menschliche Lebenswelt. Welt ist Erscheinungswelt. In ihrem 1957 vom Bayerischen Rundfunk gesendeten Vortrag *Natur und Geschichte*, der im Band I der *Übungen im politischen Denken* abgedruckt wurde, betont Arendt ebenfalls den Prozess-Charakter, unter dem die Natur in heutiger Zeit betrachtet wird. Ein zentrales Zitat lautet:

> Schon heute leben wir in einer Welt, die weit mehr vom menschlichen Eingreifen in die Natur selbst, dem Erzeugen und Lenken von Naturprozessen, bestimmt ist als von dem technisierten Aufbauen und Erhalten dieser Welt als eines relativ beständigen Gebildes.[12]

In der Süddeutschen Zeitung vom 21. Januar 2020 schreibt Petra Grimm, Professorin für Medienforschung und Kommunikationswissenschaft an der Hochschule der Medien in Stuttgart über »Die Macht der Erzählung«. In ihrem Essay geht es um den Zusammenhang von Künstlicher Intelligenz und Klimawandel und sie zitiert Arendt mit dem o.g. Satz. Petra Grimm schreibt: »Rückblickend hat sie damit schon wegweisend das Narrativ des menschengemachten Klimawandels vorweggenommen.« In der Tat beschreibt Arendt genau das, was wir seit Jahren beobachten: Dass sich das äußere Bild der Welt radikal verändert. Am besten kann dieser Prozess der Beschleunigung für Arendt dadurch veranschaulicht werden, »dass menschliches Leben, das immer das Sinnbild des Flüchtigsten und Vergänglichsten, was es überhaupt gibt, gewesen war, heute dauerhafter und weniger vergänglich zu sein beginnt als die Stadt und die Straße, das Haus und die Landschaft, in welche es hineingeboren ist.«[13] Es war immer der Mensch, der von seiner Sterblichkeit und der Flüchtigkeit seiner Existenz her betrachtet wurde. Der Natur, überhaupt der Umgebung, in der Menschen leben, wurde eher der Charakter von Beständigkeit zugesprochen.

Arendt betont, dass der Mensch in den Bereich der Natur eingreift auf eine Weise, von der man dachte, sie gelte nur für den Bereich zwischen den Menschen. »Wesentlich ist, daß wir von solchen nicht wieder rückgängig zu machenden Prozessen heute überall umgeben zu sein scheinen, aber eben nicht im historisch-politischen Bereich, wo die ›List der Vernunft‹ uns ohnehin nicht mehr über automatisch abrollende Gesellschafts- und politische Prozesse trösten kann, sondern und vor allem in der Technik und im Bereich der Natur selbst.«[14] Durch das Eingreifen des Menschen in die Natur übertragen wir auf sie einen Anteil an Unzuverlässigkeit, wie sie für uns Menschen typisch ist. Man glaubt, solche Sätze gerade eben in einem neuen Essay zu den Ursachen und Folgen des von Menschen gemachten Klimawandels zu lesen. Die Unabsehbarkeit von durch den Menschen in die Welt gesetzten Prozessen ist ein Gedanke, der heute zentral ist für den Umgang mit den großen aktuellen Herausforderungen. Wenn man an das Schmelzen des Polareises in der Arktis denkt, wird sehr deutlich, dass die Menschen im Gegensatz zur Natur nun zur »letzten Zuflucht der Unvergänglichkeit« geworden sind. »Die Entwicklung von Naturwissenschaft und Technik ist nur dadurch zustande gekommen, daß der Mensch als ein handelndes Wesen (und weder als bloßer Hersteller oder homo faber noch als bloßer Arbeiter, aber sicherlich auch nicht als rein Betrachtender) in den Bereich der Natur so eingegriffen hat, wie wir bisher dachten, er könne nur in den Bereich der Geschichte, in das nämlich, was zwischen Menschen sich ereignet, eingreifen.«[15]

Jaspers sieht die Natur als großes, letztlich übermächtiges Gegenüber, das zwar erforscht, in Teilen auch beherrscht, aber nie ganz in die Verfügungsgewalt des Menschen übergehen kann. Hannah Arendt erkennt viel stärkere Eingriffe des Menschen in die Natur, wodurch sie in einen Prozess gezwungen wird, der den Charakter der Unabsehbarkeit hat. In ihrer Auseinandersetzung mit der Naturwissenschaft kommt Arendt schließlich auf das Handeln zu sprechen, in dem sie die, wenn auch äußerst bedeutsame, so doch auch »gefährlichste aller menschlichen Fähigkeiten und Möglichkeiten« sieht. So ist für sie der wesentlichste Bezug des Menschen zur Natur heute das Handeln. Bei Jaspers steht das Handeln im Horizont der Transzendenz. Dies nennt er substantielles Handeln. »Das substantielle Handeln, durch keine Forschung zwingend begreifbar, nur philosophisch sichtbar, ist nicht einfach von selbst da, wie Naturgeschehen.«[16] Hier wird der Unterschied zu Arendts Naturbegriff noch einmal deutlich. Die Natur wird für Jaspers nicht in einen vom Menschen beeinflussten Prozess hineingenommen. Das Naturgeschehen bleibt ein von sich aus da Seiendes.

Liebe als Macht des Lebens oder Setzung eines Absoluten

In seiner 1919 erschienenen *Psychologie der Weltanschauungen* denkt Karl Jaspers intensiv nach über die Liebe. Er unterscheidet streng zwischen Sexualität, Erotik und »metaphysischer Liebe«. Der entscheidende Satz lautet:

> Weil das Erotische und Sexuelle an sich als würdelos empfunden wird, kann es nur durch strengstes Gesetz Würde erhalten; dies Gesetz muß innerlich sein, und kann es nur werden durch die jede Distanz aufhebende Beziehung zwischen zwei Menschen; man ist ins innerste Heiligtum gedrungen und kann seine Menschenwürde nur erhalten, indem hier ein Absolutes gesetzt wird«[1]

Innerlichkeit, inneres Heiligtum, das Absolute: So lauten die Grundworte, mit denen Jaspers der vom Menschen als würdelos empfundenen erotischen und sexuellen Liebe Würde zu verleihen glaubt. Er setzt für selbstverständlich an, was er nur spekulativ erfassen kann. Er liefert keinen Beweis für dies von ihm angenommene dem Menschen innewohnende Empfinden. Er schließt von sich auf alle Menschen.

Nur das, was Jaspers metaphysische Liebe nennt, ermöglicht es seiner Meinung nach den Menschen, in der endlichen Gestalt der Welt das Unendliche zu erfahren. Erotik charakterisiert Jaspers hingegen lediglich als ein »Aufschäumen von Bildern«. Wie bei seiner Auseinandersetzung mit der Kunst, mit den Künstlern, sind es wieder die Bilder, denen er jeden Wert abspricht. Bilder taugen nur etwas, wenn sie metaphorisch gedeutet werden können, wenn es ein Dahinter gibt, das sich im Bild erhellt.

Im Bereich der metaphysischen Liebe macht Jaspers noch einen weiteren Unterschied aus:

> Der eine liebt alles und alle (Franziskus), der andere nur ein Individuum. Doch strahlt von hier die Liebe über alles irgendwie aus.²

Keine andere Form der Liebe kann daneben Bestand haben. Jaspers ist hier rigoros. In der Liebe zu einem Individuum bleibt dieses Individuum das Zentrum, aber die Kraft der einmaligen Liebe beleuchtet nach Jaspers alles, das ganze Leben, die Welt. Interessant ist, dass er für die Zügelung der erotischen Liebe glaubt, ein hartes Gesetz zu brauchen. Sie scheint eine starke Wirklichkeit zu haben. In *Von der Wahrheit* schreibt Jaspers:

> Das Wort ›Liebe‹ trifft Weites und Enges, Unergründliches und Banales, und doch hat es seinen Klang nicht verloren. Es wird zwar so leichthin gebraucht, so sentimentalisch gewendet, so zweckhaft benutzt, so sehr verkehrt, daß wohl eine Abneigung entstehen kann, es überhaupt zu gebrauchen. Aber es stellt sich wieder her: es ist das schlichte Wort für das Tiefste und Positivste unseres Seins.³

Jaspers kennt eine »Hierarchie der Liebe«. Über die »existentielle« Liebe sagt er, sie sei im metaphysischen Grund «befestigt». Die reine Geschlechtsliebe sieht er im Bereich des Vergänglichen. Hierbei unterscheidet er die sexuelle von der erotischen Liebe. In der Erotik entfaltet sich die geschlechtliche Liebe in geistiger Weise. Sexuelle Erfüllung hingegen sei dumm, weil »beendend«.

Die höchste Form der Liebe ist die Liebe zum Umgreifenden.

Alles in allem findet sich bei Jaspers eine exakt ausgearbeitete Philosophie der Liebe.

In einem Brief vom April 1965 schreibt Hannah Arendt an Karl Jaspers:

> Gestern kam die ›Kleine Schule der Philosophie‹ und heute ist sie auch, wie Heinrich gerade mitteilte, in New York eingetroffen. Ich erhielt ein Extra-Exemplar von Helene Wolff. Das Kapitel über Liebe ist ganz neu und nun irgendwie wahrer als alles, was mir von Dir von früher darüber in Erinnerung ist.[4]

In der Tat ist das Kapitel über die Liebe aus Jaspers »Kleiner Schule des philosophischen Denkens« einer seiner geheimnisvollsten Texte. So geheimnisvoll, wie er es vielleicht gar nicht wollen konnte. Er umkreist den nicht auszudeutenden Kern des Themas in immer neuen Versuchen. Er tut dies anders als in seinem Buch über die Wahrheit, weniger lehrend, einfühlsamer, lebensnäher. Jaspers öffnet sich in diesem Text dem Zufall, dem Möglichkeitscharakter von Liebe, den Überschneidungen, Annäherungen, vielleicht sogar Berührungen verschiedener Aspekte des Phänomens. Um zu zeigen, wie differenziert Jaspers hier von verschiedenen Aspekten der Liebe spricht, ein Zitat aus dem 5. Absatz:

> Wir haben von Realitäten gesprochen, von der Sexualität als der Realität des Vitalen, von der Erotik als der Realität geistigen, sexuell bezogenen Spiels, von der Ehe als der Realität rechtlicher und moralischer Ordnung. Wir machen einen Sprung, wenn wir jetzt nicht mehr von Realitäten, sondern von der Liebe selbst sprechen. Sie hat ihren Ursprung nicht in der Welt. Sie wird erfahren als das Unbegreifliche, das den Menschen überfällt, aber so, daß er erst in ihr er selbst wird. Weil sie als empirische Realität nicht nachweisbar ist, kann der Realist sie leugnen. Sie ist kein Gegenstand der Forschung. Weil sie von anderswoher kommend sich ihrer bewußt wird, nennen wir sie metaphysische Liebe. Niemand kann wissen, ob es sie gibt und ob sie hier und jetzt zwischen zwei Menschen wirklich ist. Diese Liebe schlägt in der Er-

scheinung der Zeit ein wie ein Blitz, den niemand sieht. Aber durch ihn wird den Getroffenen offenbar, was von Ewigkeit her schon ist.[5]

Ganz am Ende seines Textes macht Jaspers sogar etwas, was bei ihm sehr selten ist: Er überlässt sich dem Möglichkeitsmodus und denkt darüber nach, was wäre, sprächen wir über die Liebe, als ob wir wüssten, was sie sei. »Wenn wir aber von ihr sprechen, als ob wir wüßten, was sie sei, dann ist diese allumgreifende Liebe das, worin wir eigentlich sind, was wir sind.«[6] Er überlässt sich dem Unerhörten, wenn auch nur für einen Moment. Denn ganz am Ende betont er doch wieder, wie wichtig letztlich Kontrolle ist, dass es Gesetze, Verhaltensmaßregeln geben muss. Immerhin hat er sich mit seinen Reflexionen über Liebe in einem Terrain bewegt, das er normalerweise meidet. Es handelt sich um den Bereich unausdenkbarer Möglichkeiten.

Hannah Arendt geht mit dem Thema Liebe ganz anders um. Auch sie entwirft verschiedene Formen von Liebe, aber sie konstruiert keine Philosophie der Liebe. Der Begriff der metaphysischen Liebe fehlt bei Hannah Arendt gänzlich. Was Jaspers als vom Ursprung her metaphysische Liebe nennt, ist bei Arendt unter dem Begriff der leidenschaftlichen Liebe gefasst. Diese Art der Liebe nennt Jaspers einen Blitz, der unerwartet einschlägt. Für Hannah Arendt ist die leidenschaftliche Liebe weltlos. Die Welt wird gleichsam verbrannt, während in der ehelichen Liebe die Welt bestehen bleibt.

In ihrem Buch *Rahel Varnhagen* schreibt Hannah Arendt über Dorothea Schlegel:

> Dorothea Schlegel hat das Leben einmal getroffen, als sie Schlegel traf, als er sie liebte. Aber sie hat ihr Leben sofort wieder aufgegeben in der Verewigung dieses einen Augenblicks. Ihr Leben ist unerzählbar, weil es keine Geschichte hat, weil es obstinat auf dem einmal im Blitze ei-

nes Augenblicks Erfahrenen besteht. Sie hat ihr Leben an einen Augenblick einfach fortgeworfen.[7]

Auch hier also wird die leidenschaftliche Liebe mit einem Blitz verglichen, der Augenblickscharakter hat. Dorothea Schlegel hätte Arendt zufolge mit ihrer Liebe in den Lauf der Zeit eintreten müssen und wäre damit im Leben geblieben. Ein solches Leben kann irgendwann erzählt werden. Karl Jaspers hat in seinem Exemplar des Buches in einer Ausgabe aus dem Jahr 1956 diese Stelle mit einem Ausrufezeichen und einem Fragezeichen kommentiert. Jaspers Meinung scheint zwiegespalten zu sein. Ihn beeindruckt Arendts Deutung, er zweifelt andererseits aber, weil er ja selbst dem vollkommenen Augenblick einen großen Stellenwert einräumt. Sehr intensiv hat Jaspers sich auch mit einer weiteren Stelle in der Rahel Varnhagen-Biografie auseinandergesetzt. Es geht um die Beziehung Rahels zu Finckenstein. Die öffentliche Meinung geht nicht zimperlich um mit Finckenstein. Es heißt, er sei ein schwacher Charakter. Auf diese Bestandsaufnahme folgt ein Satz Arendts, den Jaspers mit einem Ausrufezeichen am Rand versehen hat:

> Dem Faktum des Liebens und Geliebtwerdens gegenüber sind derartige Urteile sinnlos. Das, was ihr geschieht, ist nicht zu messen an dem, was er, psychologisch gesehen, ist oder nicht ist.[8]

Wenn man einen Menschen liebt, spielen die Urteile der Öffentlichkeit keine Rolle. Jaspers Ausrufezeichen ist wohl als Zustimmung zu deuten. Ähnlich emotional kommentiert Jaspers an anderer Stelle. Es geht um die Liebe Rahels zu Don Raphael d'Urquijo. Mit Strich und Ausrufezeichen kommentiert Jaspers ein Zitat Rahels: »Ich log. Die schönste Lüge, die einer wahren Leidenschaft.«[9] Als wäre Jaspers in manchen Momenten nicht ganz Herr seiner Kommentare. Als würden die Gefühle mit ihm durchgehen. Als bejahte er etwas, das er eigentlich gar nicht bejahen will. Es ist in der Tat ein Glück, dass Jaspers mit dem Stift in der Hand gelesen hat.

In ihrem Einleitungsessay zu Hermann Brochs »Dichten und Erkennen« schreibt Hannah Arendt über die »herrlichste« Geschichte aus dem Roman *Die Schuldlose,* nämlich die »Liebesgeschichte der Magd Zerline«. Es sei »vielleicht die schönste Liebesgeschichte der deutschen Literatur.«[10]

In der Tat ist die Erzählung der Magd Zerline ein ganz ungewöhnliches, zauberhaftes Stück Literatur. Es geht um Lust und Liebe, um das »Vergessene« und das »Unvergessbare«. Geliebt hat die Magd Zerline, ihren eigenen Aussagen zufolge, nur ihren Herrn, den Präsidenten, der ihr ganz am Anfang ihrer Dienstzeit einmal an die Brust gefasst hat. Mit dem flotten Herrn von Juna, der ein Verhältnis mit ihrer Herrin hatte, hat sie geschlafen, was ihr unvergesslich blieb, aber »mit Liebe hat das nichts zu tun, geschweige denn mit Seelenlärm. Vieles kann zum Unvergeßbaren werden, kann begleitend uns tragen, tragend uns begleiten, ohne je Liebe gewesen zu sein, ohne je Liebe werden zu können.«[11] Und so ist es nicht eine Liebeswelt, die hier Thema wird. Es sind Liebeswelten.

In einem Brief an die Freundin Hilde Fränkel vom 10. Februar 1950 schreibt Hannah Arendt über ihr erstes Wiedersehen mit Martin Heidegger seit 17 Jahren. Sie sei froh, gekommen zu sein. Eine Art Tragödie habe begonnen sich abzuspielen. Arendt findet sich in einer Art Fortsetzungsroman wieder. Schließlich fällt der entscheidende Satz: »Im Grunde bin ich glücklich, einfach über die Bestätigung; daß ich recht hatte, nie zu vergessen.«[12] Für Arendt gehört die frühe Beziehung zu Heidegger zum »Unvergessbaren«, aber war es Liebe? Arendt spricht das Unvergessbare aus, ohne Pathos, ganz einfach, aber mit einem Hauch Romantik. Hermann Broch hat ein Gespür für solche Empfindungs-Nuancen. Am 5. August 1948 schreibt er an Hannah Arendt: »Wenn ein Mensch ein so präzises und klares und anständiges Denken wie Sie hat, gibt es

Karl Jaspers, in den 50er Jahren.

stets unkontrollierte romantische Winkel.«¹³ Dass Karl Jaspers mit Broch nichts am Hut hat, wurde bereits betont. Ob es bei ihm, der ja wie Arendt ein präzises und klares Denken hat, auch romantische Winkel gibt? Immerhin hatte er festgestellt, dass die Liebesgeschichte Arendts mit Heidegger doch »aufregend« gewesen sein muss. Auch seine Liebe zum Meer hat romantische Züge: Die Ahnung, dass es in der Tiefe etwas geben müsse, nicht sichtbar, aber dennoch von einer starken Wirklichkeit. Sein strenges, diszipliniert wirkendes Äußeres, seine so klare Sprache ohne Schnörkel, mag darüber hinwegtäuschen, dass irgendwo hinter seiner hohen Stirn verborgene romantische Winkel liegen könnten.

In Hannah Arendts Denktagebuch finden sich Stellen, die sehr ausführlich auf das Thema Liebe eingehen. Wie bereits ausgeführt, kennt Arendt den Begriff einer »metaphysischen Liebe« nicht. Außerdem wehrt sie alles ab, was Liebe in der Nähe von Gefühl an-

Liebe als Macht des Lebens oder Setzung eines Absoluten

siedeln möchte. In ihren Augen stellt Liebe eine Macht dar. Sie braucht kein Dazwischen, kein Gemeinsames, ist, wenn der Anfang zündet, zunächst weltlos. »Die Liebe ist Leben ohne Welt. Als solche zeigt sie sich als welt-schöpferisch; sie erschafft, erzeugt eine neue Welt. Jede Liebe ist der Anfang einer neuen Welt; das ist ihre Größe und ihre Tragik. Denn in dieser neuen Welt, sofern sie eben nicht nur neu, sondern eben auch Welt ist, geht sie zugrunde.«[14] Die Liebe ist die »Macht des Lebens«. Sie erschafft und zerstört, sie zeigt, dass der Mensch auch ohne die Welt noch ist, obwohl er ohne die Welt nicht existieren kann. Durch die Liebe kann aus der Weltlosigkeit eine neue Welt entstehen, geschaffen werden. Als Macht ist die Liebe kein Gefühl. Dies schreibt Arendt im Mai 1953. Eine einigermaßen rätselhafte Stelle. Man fragt sich, was das eigentlich für eine Beziehung mit Heinrich Blücher sein muss, denn mit ihm ist sie zu dieser Zeit bereits 13 Jahre verheiratet. Im Februar 1950 allerdings hat Arendt Martin Heidegger zum ersten Mal nach dem Krieg wieder getroffen. Am 9. Februar 1950 schreibt Arendt an Heidegger:

> Dieser Abend und dieser Morgen sind die Bestätigung eines ganzen Lebens. Eine im Grunde nie erwartete Bestätigung. Als der Kellner Deinen Namen sagte (ich hatte Dich nicht eigentlich erwartet, hatte ja den Brief nicht bekommen), war es als stünde plötzlich die Zeit stille.[15]

Diese Begegnung ist eine zutiefst verwirrende Erfahrung für Hannah Arendt. Ihrem Mann Heinrich Blücher schreibt sie am 8. Februar, wie sie von Basel aus nach Freiburg gereist sei und dort Heidegger »sehr bald im Hotel« erschien. »Wir haben, scheint mir, zum ersten Mal in unserem Leben miteinander gesprochen, mit dem Resultat, daß ich selbst da an meinen verflixten Stups denken mußte, der alles richtig beurteilen kann.«[16] Arendt ist in einer Situation, die sie überfordert und die sie nicht zu analysieren vermag. Sie ist verstrickt. Zudem hat sie kurz zuvor erfahren, dass Heinrich

Blücher in den Jahren 1948 und 1949 ein Verhältnis mit der Lektorin und Schriftstellerin Rose Feitelson hatte. Auch die Ehen ihrer Freundinnen beobachtet Arendt genau. Dies alles bewirkt ein intensives Nachdenken über Ehe und Liebe, das Dauern in der Zeit und das Jähe eines Augenblicks, Welt und Weltlosigkeit. Nach dem Tod Heinrich Blüchers schreibt Arendt an Martin Heidegger, dass manchmal, sehr selten zwischen zwei Menschen eine Welt entstehe. Diese Welt sei dann Heimat, eine Art Mikro-Welt, in die man sich zurückziehen könne, wenn man sich retten wolle vor der Welt. Nach dem Tod ihres Mannes ist für Arendt diese Mikro-Welt zerfallen.

> Alle Liebe ist zuletzt gebunden an die Liebe zum anderen Menschen. Ohne Menschenliebe wird alle Liebe leer; von der Menschenliebe her aber trifft sie alles Sein. Der Gegenstand der Liebe aber ist der Mensch als dieser Einzelne. Liebe verwirklicht sich im Miteinandersein. Selbstsein verbindet sich mit Selbstsein, so daß in der Bewegung ihrer Liebe erst alles, was ist, aufleuchtet in dem Glanze seines Seins.[17]

Das schreibt Jaspers in *Von der Wahrheit*. Die Liebe zwischen zwei Menschen baut sich nach Jaspers in der Kontinuität des Zeitdaseins auf, also geschichtlich in »unverbrüchlicher Treue«. Liebe braucht der Mensch, um aus sich selbst heraus leben zu können. Keine Rede von der Welt. Wenn Selbstsein sich mit Selbstsein verbindet, wird kein Raum geschaffen, der sich zur Welt weiten könnte. In dieser Aussage wird der Unterschied zu Hannah Arendts Entwurf von Liebe am prägnantesten ausgesprochen. Aber es gibt von Jaspers, wie ausgeführt, auch andere Aussagen zur Liebe. So ganz sicher ist er sich nicht, wenn es um dies menschliche Phänomen geht.

In ihrer Auseinandersetzung mit der Liebe zeigt sich bei Jaspers und Arendt die Kraft des assoziativen, freien Schweifens. Beide sind begabt darin, Arendt übt es häufiger, Jaspers nur phasenweise. Auf jeden Fall passen sie sich an die Komplexität des Phänomens an, werden ihm in der Vielfalt der Deutungsmöglichkeiten gerecht. Besonders spannend ist es in Bezug auf Jaspers und dessen scheinbare Strenge, die, wie wir sehen konnten, immer wieder aufgebrochen wird. Manchmal laufen seine Ideen, die Sätze vor ihm her und er hat Mühe, sie einzuholen. Es kann dann vorkommen, dass er sich in einer Wildnis vorfindet, die er nicht als seine Heimat bezeichnen würde und die er lieber meidet. Arendt kennt sich darin aus, sie verirrt sich gern darin und findet den Weg von alleine wieder hinaus.

Das Politische

Was Sie zu dem Atombomben-Buch sagen werden, darauf bin ich wirklich gespannt. Ich habe viele Sorgen, denn ich habe etwas riskiert, für das die Voraussetzungen in meinen Kenntnissen nicht ausreichen. Der Sinn ist, das Problem in seinen gesamten Perspektiven zu zeigen und zu sagen, daß nur aus der Anschauung des Ganzen heute der Ursprung im Menschen zur Geltung kommen kann, der vielleicht die Rettung findet.[1]

So schreibt Karl Jaspers am 1. Mai 1958 an Hannah Arendt. Diese Briefstelle ist nicht nur thematisch interessant, sondern gibt zudem einen guten Eindruck von Jaspers' für seine Leserinnen und Leser manchmal nicht ganz leicht zu entschlüsselnden Art, seine Gedanken in Worte zu fassen. Es kommt ihm immer darauf an, »das Ganze« im Blick zu behalten, den Menschen als solchen, in den Bereich des Ursprünglichen zu gelangen. Das macht es für ihn schwierig, sich einzelnen Problemen zuzuwenden. Sein Anspruch an sich selbst und die philosophische Durchdringung des jeweiligen Themas ist immens. So spricht er bezüglich der Arbeit zum Thema Atombombe davon, dass er in einen »Wirbel« geraten sei und sich anstrengen müsse, seine »Besinnlichkeit« zu wahren. Aufschlussreich ist in dieser Briefstelle vom 1. Mai auch der nächste Satz: »Es handelt sich darum wo alles ›Machen‹ und ›Planen‹ aufhört, aber eine Führung empfängt, die vor allem Machen nicht irrational und nicht dem Denken entzogen ist.« Jaspers bleibt mit seiner Argumentation im Ungefähren. Die »Führung«, von der er spricht und die heraushelfen könnte aus der Gefahr, die mit der Atombombe in die Welt gekommen ist, soll vor dem Ma-

Hannah Arendt und Karl Jaspers 1958 bei Verleihung des Friedenpreises des Deutschen Buchhandels an Jaspers.

chen liegen und nicht irrational sein. Jaspers will bestimmt nicht verschwurbelt klingen, tut es aber an dieser Stelle. Eine klare Argumentation würde sich anders anhören. Jaspers will wieder einmal alles auf einmal, das Ganze, das Wesentliche, aber auf keinen Fall als dem Denken Entzogenes. Hannah Arendt geht in ihrem Antwort-Brief auf Details nicht ein und bekundet lediglich ihr großes Interesse an dem Buch über die Atombombe. Sie erkennt, worum es Jaspers geht, worauf er seinen Schwerpunkt legt und sie respektiert seine Vorgehensweise. Der Respekt vor der Arbeit des Freundes ist ihr wichtiger als jede eventuelle Kritik an Einzelheiten.

Im Herbst 1956 hatte Jaspers bereits einen Vortrag mit dem Titel *Die Atombombe und die Zukunft des Menschen* gehalten. Und nun soll 1958 der ausgearbeitete Vortrag im Piper Verlag als Buch erscheinen. Hannah Arendt zeigt sich also erwartungsvoll gespannt. Wir haben es hier mit einer für diese Freundschaft ganz typischen Situation zu tun, denn jede Neuerscheinung, egal, ob sie aus der Feder von Hannah Arendt oder der von Karl Jaspers stammt, wird von der jeweils anderen Seite freudig begrüßt. Arendt kennt natürlich den Vortrag über die Atombombe und ist nun gespannt, was es darüber hinaus in der Buchveröffentlichung zu lesen geben wird. Dabei muss Jaspers durchaus mit »Fragen und Einwendungen« rechnen, aber das gehört bei den beiden ja zu einem produktiven Gespräch. Für Jaspers ist es völlig evident, dass Arendt mittlerweile eine echte Autorität ist, »auch wenn man ihre Sätze angreift«, wie er im Dezember 1958 an die Freundin schreibt. Ihre Schrift über die Ungarische Revolution behandelt er sogar in einem Seminar. »Ich sehe bestätigt, was ich bei der ersten Lektüre fühlte: ein Meisterwerk gerade auch in dem, wo – selbstverständlich – Fragen und Einwände möglich sind. Was man politisch denkt, kann nie wie eine mathematische Erkenntnis gegen jeden Einspruch gesichert sein.«[2] Jaspers und Arendt erkennen die Ernsthaftigkeit der jeweiligen Arbeit des anderen an einem bestimmten Thema an. Beiden geht es um eine wache Zeitgenossenschaft, um ein Mitdenken, Beobachten, Analysieren der politischen und gesellschaftlichen Lage. Die Sache steht im Mittelpunkt, sie wird von allen Seiten betrachtet, durchdrungen, bedacht.

Im November 1959 schreibt Jaspers in einem Vorwort zu einer Sonderausgabe des Bandes über die Atombombe, der eigentliche Inhalt sei »Politisches Bewusstsein in unserer Zeit«. Mit dieser Aussage ist er sehr nah bei Hannah Arendt. Und es heißt für Jaspers auch, dass politische Gegner sich in einem geistigen Raum treffen sollten, in dem ein Gespräch möglich wird.

Als Philosoph äußert sich Jaspers durchaus provokant zur Verbindung von Philosophie und Politik. Er ist überzeugt davon, dass Philosophie und Politik sich »treffen« müssen, wie er im Vorwort zum Buch *Die Atombombe und die Zukunft des Menschen* schreibt. Die Aufgabe des Philosophen sei es zwar nicht, zu handeln, aber mitzudenken. Er spricht von einem »politisch-philosophischen Bewusstsein«, an dessen Verwirklichung er glaubt. Das politische Bewusstsein der Zeit soll aufgenommen werden in das »Umgreifende des Überpolitischen«. Dass Philosophie das Politische außen vor lässt, übergeht, ist für Jaspers nicht vorstellbar. Der Horizont des Philosophischen ist bei Jaspers immer präsent und mitgedacht. Zunächst einmal aber geht es beim Thema Atombombe einfach um Fakten, Tatsachen. Und eine Tatsache ist es, dass die Atombombe ungeheure Gefahren in sich birgt. Sie führt die Menschheit vor die Möglichkeit der totalen Vernichtung. Neben der Bedrohung durch die Atombombe scheint für Jaspers nur noch ein weiteres politisches Problem Bestand zu haben: die Gefahr der Totalen Herrschaft. Ablenkend wirkt unter anderem die Befangenheit im »augenblicklichen Wohlergehen wirtschaftlicher Prosperität«. Dabei wäre es Jaspers zufolge wichtig, sich Wissen anzueignen über den Tatbestand, mitzudenken, wachsam zu sein.

Im Jahr 2020 ist es 75 Jahre her, seit die Atombomben auf Hiroshima und Nagasaki fielen. Jaspers hat sein Buch als direkte Reaktion auf diese beiden Abwürfe geschrieben. Die Möglichkeit einer totalen Vernichtung der Menschheit nennt Jaspers den »Neuen Tatbestand«, eine Situation, die den Fortgang der Geschichte des Menschen mitbestimmen wird. Vor diesem Tatbestand hat sich das Denken zu bewähren. In dieser Situation, wie Jaspers es nennt, hat der Mensch neu zu bedenken, was er ist und sein kann. »Wir müssen uns unserer selbst in der neuen Situation vergewissern.«[3] Erst wenn die Menschen sich auf sich selbst und ihre Aufgabe besinnen, könne auch die gewohnte Politik sich in eine neue Politik verwandeln. Jaspers sieht im Nicht-Wissen-Wollen eine große Gefahr. Im politischen Ethos erkennt Jaspers eine Unbedingtheit, die nicht planbar ist. Realismus und Moralismus stehen im Zeichen dieser Unbedingtheit. Das Politische sieht er als in Abhängigkeit stehend vom Überpolitischen, wohingegen das Überpolitische unabhängig ist. Ein Beispiel für die große Bedeutung des Überpolitischen will Jaspers im Opfer wahrnehmen. Das Opfer ist durch einen »Zweck in der Welt« nicht begründet. »Wenn Aufgabe der Politik die Lebenssicherung ist, so verlangt diese Aufgabe im entscheidenden Augenblick das Opfer des Lebens.«[4] Mit dem Opfer tritt das Politische in den Bereich des Überpolitischen ein.

Es ist spannend, zu verfolgen, wie Jaspers in seinem Buch über die Atombombe eigentlich darlegen möchte, was politisch getan werden müsste, um eine Vernichtung der Menschheit zu verhindern. Letztlich ist es jedoch der Philosoph Jaspers, der spricht und der die Bedeutung des Überpolitischen immer wieder betont. Seine Absicht gehe auf das »Ganze des politisch-philosophischen Bewusstseins«. Jaspers unterscheidet das Besondere vom Ganzen und beide gilt es im Auge zu behalten. Dieses Buch über die Atombombe nicht mit einem philosophischen Auge zu lesen, bedeutet, seinen eigentlichen Sinn zu verfehlen. Eine zweite wichtige Säule bildet jedoch die Tatsachenwahrheit, das Faktische, das auch für Arendt zentral ist. Zu sehen, was ist, zu hören, was Erfahrene erzählen, sich kundig zu machen. Dabei kann es immer nur um Tendenzen gehen, denn die Tatsachen verändern sich sehr schnell.

In seiner *Philosophischen Autobiografie* schreibt Jaspers, Philosophie sei nicht ohne politische Konsequenzen. Außerdem sei er selbst erst wirklich mit seiner Philosophie zum vollen Bewusstsein gelangt, als er von der Politik ergriffen worden sei.

Hannah Arendt zieht es vor, statt vom Philosophieren vom Denken zu sprechen und sie zeigt gewisse Vorbehalte der Philosophie und vor allem der Gestalt des Philosophen gegenüber. Für sie gibt es zwei reine Typen des Einsamen: den Philosophen und den Tyrannen. So beschreibt sie es in ihrem Denktagebuch. Weiter heißt es an dieser Stelle:

> Als die Philosophie mit Plato begann, sich mit der Politik abzugeben, ruinierte sie nicht nur die Politik, sondern sich selbst. Sie wurde auf das Politische angewandt, und da die Philosophen Menschen sind, begannen sie so zu gehorchen, wie sie anfänglich wollten, dass alle Menschen gehorchen sollten.[5]

Wenn die Politik nach den Maßstäben der Philosophie beurteilt werde solle – nach Arendt ein grundlegendes Missverständnis in der Geschichte der abendländischen Politischen Theorie – dann hieße das, allen Erfahrungen den Echtheitsgrad abzusprechen, die nicht in der Einsamkeit gewonnen worden seien. Arendt hat einen anderen Vorschlag. Zwischen das Denken und das politische Handeln stellt sie das Urteilen als Fähigkeit, das Zusammensein zu denken. Die Urteilskraft funktioniert nur im Bereich der Öffentlichkeit. Und es existiert kein »Zwang zum Schließen« im Urteil. Das Urteilen ist also weit entfernt von jeder Form absoluter Schlussfolgerung. Sokrates wäre dann als eminent politischer Mensch eine Art vor-philosophischer oder über-philosophischer Denker für Arendt. Das von Jaspers ins Spiel gebrachte Überpolitische in seiner Unbedingtheit kennt Arendt nicht, wie ihr auch alles Absolute eher suspekt ist. Arendt denkt Ganzheit anders als Jaspers, dies wird auch jetzt wieder deutlich. Da wo Jaspers ein Dahinter oder Darüber entwirft, arbeitet Arendt mit dem Begriff Bezüglichkeit.

Jaspers ist der Überzeugung, dass es im Leben der Menschen nichts gibt, was keine politische Bedeutung hätte. Und in der für ihn durch die Atombombe bedrohlich gewordenen Weltlage betont er, dass Politik Weltpolitik sei und das bedeute, alle Menschen seien aufeinander angewiesen.

> Es ist merkwürdig: Die Grundtatsache, daß die anderen da sind, wird zwar von jedermann gewußt, aber praktisch so leicht vergessen. Wir sind auf das, was sie tun und denken, angewiesen. In jeder Lebenssituation und für das politische Denken ist es notwendig, maximal zu wissen und zu verstehen, was der andere will, was er in seiner gegenwärtigen Erscheinung aus seiner geschichtlichen Herkunft ist.[6]

Menschen erscheinen in der Gegenwart, aber im Horizont ihrer geschichtlichen Herkunft. Ihre Aufgabe ist es, miteinander in Kommunikation zu treten. Mit dem, was Jaspers hier äußert, ist er sehr nahe am Begriff der Pluralität, der für Arendts politische Theorie zentral ist. In Arendts Verständnis ist die Basis jeglichen politischen Handelns die Tatsache, dass es Pluralität gibt. »Politik entsteht im Zwischen und etabliert sich als der Bezug.«[7] Arendt geht aber noch einen Schritt weiter als Jaspers, indem sie nicht den einzelnen Menschen ins Zentrum ihrer Betrachtung stellt, sondern die gemeinsame Welt. Das Zwischen schafft den Raum für politisches Handeln. Im Bereich der Politik geht es darum, den Weltbezug einzelner Individuen zu verstehen und das heißt die Facetten der gemeinsamen Welt, die der jeweils Einzelne wahrnimmt, indem er mit seinem Handeln in der Öffentlichkeit auftritt und sich selbst als Person ins Spiel bringt. In diesem Bereich des Zwischen wird Freiheit erfahren. Sowohl bei Arendt wie auch bei Jaspers ist das Nachdenken über Politik eng verknüpft mit der Reflexion über das Wesen von Freiheit. Interessant ist auch hier wieder, dass sie bei aller Gemeinsamkeit im Grundsätzlichen die Stellung des Einzelnen als Einzelnem unterschiedlich gewichten. Für Jaspers ist die Freiheit des Individuums als eines sich selbst in seiner geschichtlichen Situation hell werdenden Wesens zentral. Damit dies aber geschehen kann, braucht es das Miteinander. »Niemand kann wahrhaft frei werden, wenn nicht alle frei werden.«[8] Nur in Kommunikation mit dem anderen Selbst kann ich ein Selbst sein. Es gibt für

Jaspers ein Ethos, das verbindet und sich aus dem Grund des Einzelnen heraus verwirklicht.

Für Hannah Arendt spielt die sogenannte innere Freiheit keine wesentliche Rolle. Freiheit brauche den öffentlichen Raum, um erscheinen zu können. Davon ist Arendt überzeugt. In »Die Neue Rundschau«, Heft 69 aus dem Jahr 1958 ist ein Vortrag von Arendt vom 28. Mai des Jahres in Zürich abgedruckt, in dem sie sich ausführlich äußert zum Thema Freiheit und Politik. Für Jaspers ist das »freie Schaffen« eine Möglichkeit, die Menschen in sich tragen. Für Arendt wird Freiheit überhaupt erst im Handeln möglich und sichtbar, »und sie ist weder im Willen noch sonstwo in der Menschennatur lokalisiert.«[9] Das heißt, dass niemals ein Einzelner für sich frei sein kann, auch dann nicht, wenn, wie bei Jaspers, alle anderen auch frei sind. Freiheit geschieht im Zwischen den Menschen und nur dort.

Zusammenfassend lässt sich formulieren: Karl Jaspers deutet Freiheit als zum Innersten der menschlichen Natur gehörig. Um sich verwirklichen zu können, braucht die Freiheit aber das Miteinander, die Kommunikation im öffentlichen Raum. Sein und Erscheinen von Freiheit fallen für Jaspers nicht in eins. In Arendts Anschauung ist Freiheit überhaupt nur im öffentlichen Raum möglich. Sein und Erscheinen fallen in eins.

In der Freundschaft zwischen Arendt und Jaspers nehmen die Gespräche über Politik einen breiten Raum ein, ja, vielleicht ist es sogar das zentrale Thema. Dabei besprechen sie sowohl aktuelle politische Entwicklungen als auch politische Ereignisse aus der Vergangenheit. Natürlich nimmt die Beschäftigung mit Nationalsozialismus und Totalitarismus einen großen Raum ein. 1955 erscheint Arendts umfangreiche Studie *Elemente und Ursprünge Totaler Herrschaft* als deutsche Erstauflage. Am 11. September 1955 schreibt Jaspers an Arendt:

Hannah Arendt, 1958.

> Von neuem las ich in Ihrem Buch mit großer Befriedigung. Es hätte schon vor vier Jahren gleichzeitig mit der englischen Fassung deutsch erscheinen sollen.[10]

Jaspers ist der festen Meinung, jeder Politiker müsse dies Buch lesen. »Es ist wie die Diagnose und Symptomatologie einer Pilzkrankheit, die aus sich selbst wuchert und alles auffrißt.«[11] Jaspers selbst erlebte in der NS-Zeit eine sehr »reale Preisgegebenheit«, wie er in seiner Autobiografie schreibt. Dadurch ist er noch stärker in ein Nachdenken über Politik gekommen. Hannah Arendt wird nach eigenen Aussagen durch die Erfahrung des Dritten Reichs

Das Politische   133

erst eigentlich zum politischen Menschen und zur politischen Denkerin. Bei beiden erwächst aus der gemeinsamen Erfahrung von Diktatur und Gewaltherrschaft ein weltbürgerliches Denken. Über Hannah Arendt sagt Jaspers, die innere Unabhängigkeit mache sie »zum Weltbürger«. Arendt ist für ihn auch eine echte Bürgerin der Vereinigten Staaten von Amerika. »Von ihr lernte ich diese Welt des größten Versuchs politischer Freiheit und andererseits die Strukturen des Totalitarismus besser sehen als ich es vorher vermochte, ...«[12]

Karl Jaspers ist wie Hannah Arendt überzeugt von der großen Bedeutung des Politischen. Man kann sogar noch weiter gehen und sagen: Ihre Freundschaft gründet sich vor allem auf ihrer Haltung als politische Menschen. Das zentrale Anliegen ihres Gesprächs ist der Wunsch, politische Prozesse besser zu verstehen. Ihre Arbeit am Politischen bedeutet vor allem auch, sich der allen Menschen gemeinsamen Welt immer wieder zu vergewissern. Zuhause sein in der Welt heißt nicht zuletzt, politisch zu handeln und zu denken.

Ein großes Thema, das die Auseinandersetzung mit dem, was Politik und das Politische bedeuten und das immer wieder im Raum steht, wenn es um Totalitarismus, Nationalsozialismus, Stalinismus geht, ist das sogenannte Böse.

Es ist nur folgerichtig, dass sich Arendt und Jaspers nach der Erfahrung von Nationalsozialismus und Judenverfolgung Gedanken darüber machen, was Menschen dazu bringt, Böses zu tun. Zu der rein theoretischen Auseinandersetzung mit diesem Thema kommt die persönliche Erfahrung hinzu. Die grundlegende Frage lautet: Existiert ein Vermögen im Menschen, das ihn befähigt, Gutes von Bösem zu unterscheiden?

Von Arendt wissen wir, dass sie keine In-den-Menschen Hineinguckerin ist. Sie reflektiert nicht über ein wie auch immer geartetes inneres Leben. Und so sucht sie auch das Böse nicht im Inneren oder in der Natur des Menschen. Bei Jaspers sieht das anders aus. Aber sein Nachdenken über den Ursprung des Bösen führt ihn in die Nähe Hannah Arendts. Er lokalisiert den Ursprung des Bösen im Eigenwillen. 1935 hält er einen Vortrag über *Das radikal Böse bei Kant*. Wie für Arendt ist auch für Jaspers Kant immer wieder Stichwortgeber, wenn es um Themen geht, die das Handeln der Menschen betreffen. Jaspers betont, dass für Kant das Böse weder in einer naturalistischen, noch in einer psychologischen, noch in einer metaphysisch-spekulativen Dimension« zu finden ist, sondern in »der intelligiblen Dimension meines Selbstseins.« Der Hang zum Bösen gehört also zu unserer besonderen Vernünftigkeit. Es liegt nun in des Menschen Hand, das Böse ins Handeln umzusetzen. Hier kommt der Wille ins Spiel, der als böser Wille jedes Handeln verdirbt. Für Kant gehört der Hang zum Bösen zum Menschen, zur Natur seiner Freiheit. Bei Jaspers, der sich eng an Kants Argumentation anschließt, heißt es: »Als der Mensch in die Welt trat, muß er durch seine Freiheit sogleich schuldig geworden sein.«[13] Der Hang zum Bösen liegt in der Schwäche des Menschen. Jaspers ist der Meinung, jeder Einzelne nehme Teil an der Schuld der Ahnen und er nennt das »Ohnmacht der Freiheit«. Erst wenn der Mensch sich des Umgreifenden bewusst wird, kommt er zu einem »hellen Freiheitsbewusstsein«, das ihn stolz und demütig mache. Jaspers kennt Stufen des Bösen, die er im Eigenwillen verortet. Sie führen hinab bis in das »infernalisch Böse«. Die höchste Stufe nimmt das »absolut« Böse ein. »Quelle des Bösen ist der Eigenwille des einzelnen Daseins, das bedingungslos sich durchsetzen will, keine Weise des Umgreifenden außer diesem seinem Dasein anerkennt, es sei denn in der Gestalt, in der es Mittel dieses Daseins geworden ist, Feld seiner Auswirkung und seines Selbstgenusses.«[14] Das Böse will zerstören um des Zerstörens willen. Es ist durchdrungen vom Hass gegen alles. Jaspers wendet sich gegen die Mythisierung des Bösen wie auch gegen dessen Verharmlosung und plädiert für das, was er »philosophische Erhellung« nennt. Der Ursprung des Bösen ist uns Menschen unbegreiflich. Das Böse ist gleichursprünglich mit dem Menschen. Aber mit dem Bösen übernimmt er auch die Möglichkeit, sich selbst als in der Freiheit existierendes Wesen zu erhellen und diesen sich selbst erhellenden Bewusstseinsakt ins Handeln hinüberzuführen. Der Mensch ist also zunächst und per se schuldig, hat aber die Möglichkeit, durch Selbsterhellung im Horizont des Umgreifenden zu einem guten Handeln in Freiheit zu gelangen.

Hannah Arendts 1963 in den USA und 1964 in Deutschland erschienenes Buch *Eichmann in Jerusalem* rief bekanntermaßen eine starke öffentliche Kontroverse hervor, vor allem was den Untertitel des Buchs, »Ein Bericht über die Banalität des Bösen«, betrifft. In einem Interview aus dem Jahr 1965 stellt sich Jaspers voll und ganz auf die Seite der Freundin. Er betont, dass im Verlauf des Gerichtsprozesses, von dem der Bericht handelt, sich Eichmann in der Tat als banale Figur enthüllt habe. »Diese Selbstenthüllung der Banalität schlägt der Erwartung eines bösen Dämons so ins Gesicht, daß es eine Beleidigung für alle war, die sich dachten, nur ein Teufel könne die Juden umgebracht haben.«[15] In der Gestalt Adolf Eichmanns enthüllt sich das Böse, das es für Arendt nicht in einer absoluten Form gibt, als Banalität. Jaspers erlebt Arendts Darstellung des Prozesses in Jerusalem und der Rolle Eichmanns als realistische Schilderung. In keiner Weise könne dieser Bericht in die Ecke einer Verharmlosung der NS-Verbrechen gestellt werden. Stattdessen sieht er in Arendts Buch einen selbstständigen Geist am Werk. Jaspers nimmt keinerlei Überhöhung wahr und versteht von daher auch Arendts Abwehr »alles Legendären, Mythischen in unserer Zeit«. Er lässt sich völlig ein auf das Genre Bericht. Außerdem betont er ausdrücklich, Arendt liefere in ihrem Buch keine Theorie des Bösen und habe dies auch gar nicht beabsichtigt. Allerdings könnte man einwenden, dass vielleicht doch eine Art Theorie hinter Arendts Ausführungen verborgen liegt, eine eher versteckte, nicht offen ausformulierte Theorie allerdings. Offensichtlich nämlich zeigt sich das Böse auch für Arendt in verschiedener Gestalt. Sie entwickelt keinen essentialistischen Begriff des Bösen, sie kennt auch keine Stufen des Bösen wie Jaspers, aber sie weist darauf hin, dass Banalität eine Weise sein kann, in der das Böse sich offenbart. Nicht, weil es das absolute Böse gibt, sondern weil auch das Böse ein Phänomen ist, das nur in verschiedenen Erscheinungsweisen überhaupt sein kann. Es erscheint. Es zeigt sich in der Art, wie Menschen in bestimmten Situationen handeln. Arendt spricht in ihrem Eichmann-Buch von der offensichtlichen Unfähigkeit des Angeklagten, »jemals eine Sache vom Gesichtspunkt des anderen her zu sehen.«[16] Damit liefert sie einen Hinweis darauf, dass Böses tun in einem Zusammenhang stehen könnte zu einem Mangel an Vorstellungsvermögen. Auch die große Rolle, die Eichmanns Sprechen und vor allem seine Liebe zu ziemlich banalen Sprichwörtern (»Wer A sagt, muss auch B sagen«) spielt, ergibt einen Hinweis darauf, dass hier einer nicht merkt, was er aussagt und welche Wirkung sein Sprechen hat. Im Keim sind Arendts theoretische Ausführungen aus den Jahren 1965 und 1966 in ihrem Eichmann-Buch bereits vorhanden. Sie kann nicht einfach nur beobachten, ohne ihr Zuschauen und Zuhören denkend zu begleiten. Die Denkerin Hannah Arendt sitzt neben der Berichterstatterin im Gerichtssaal. Das Bedürfnis nach Theorie begleitet sie, wo auch immer sie sich aufhält. Man könnte sagen, es gibt bei Arendt eine subtile Theorie der Oberfläche, ein Denken an der Oberfläche des Geschehens entlang, das Jaspers nicht kennt. Und so nimmt er in Arendts Bericht aus dem Gerichtssaal die wie nebenbei hineingeflochtene intellektuelle Auseinandersetzung mit dem Thema vielleicht nicht wahr. Dass Arendt nie nach einer Tiefe forscht, die im Inneren des Menschen verborgen oder an eine Form von Transzendenz gekoppelt sein könnte heißt nicht, dass es in ihrem Bericht lediglich um eine rein sachliche Beschäftigung geht. Zwar spielt das Faktische eine große Rolle, aber nie um seiner selbst willen. Was Eichmann getan hat, ist eine Tatsache. Die Frage danach, wie es so weit kommen konnte, führt in die von Arendt versuchte Beschäftigung mit der Person des Täters.

Jaspers Nachdenken über das Böse ist so ganz anders, dass es hier nahezu keine Berührungspunkte gibt. »Das Gewissen in seiner aufrüttelnden Stimme, die den Menschen, indem sie ihm den Boden nimmt, mit der Tiefe der Transzendenz in Fühlung bringt, spricht nur, wo der Mensch um das Böse weiß.«[17]

Auch Arendt spricht vom Gewissen, zum Beispiel in einem Denktagebucheintrag. Das hört sich allerdings ganz anders an als bei Jaspers:

> Die erste Macht, welche das Gewissen aus der Welt schaffte, war die Religion, und zwar nicht wegen ihrer dogmatisch-tyrannischen Maßstäbe, sondern weil der wirkliche ›homo religiosus‹ die Einsamkeit nicht kennt; er ist, sobald er allein ist, mit Gott, nicht mit sich selbst zusammen. In diesem Zusammen, wo ihn die Stimme Gottes trifft, ist er genauso Einer wie in jeder anderen ›Gesellschaft‹. Er gehorcht Gott, nicht wie man seinem Gewissen ›gehorcht‹, sondern wie Menschen eben anderen gehorchen, seien die anderen Menschen oder Engel.[18]

Die Entfaltung des Gewissens braucht nach Hannah Arendt die Einsamkeit, in der ich mit niemand anderem zusammen bin als mit mir. Ich bespreche mich mit mir mit dem Ziel, in eine Übereinstimmung mit mir zu kommen. Arendt ist überzeugt davon, dass Eichmann dieses Gespräch mit sich selbst, also eine Gewissensarbeit, nicht kennt. Sie will zeigen, dass dies an seiner Art zu sprechen abzulesen ist. Es liegt ihr fern, in sein Inneres blicken zu wollen. Sie glaubt nicht daran, dort auf den Antrieb zum Bösen zu stoßen. In ihrer Faszination für die vielen Möglichkeiten des Erscheinens blickt sie nun auf Eichmann in seinem Glaskasten, eine jammervolle, komische Gestalt, noch dazu verschnupft, was auch der Schriftsteller Harry Mulisch in seinem Bericht für eine niederländische Zeitung vermerkt. Auch jetzt in diesem Fall ist es wieder die Oberfläche, nicht eine numinose Tiefe, die Offenbarungscharakter hat. Arendt hat einen Sinn für Formen des Theatralen und so kann sie wahrnehmen, was Eichmanns Sprechen, seine Gesten, seine Körpersprache ausdrücken: die Unfähigkeit, das Vorstellungsvermögen in Gang zu bringen, ein Gespräch mit sich selbst zu beginnen, eine Ahnung zu bekommen von dem, was man anrichtet mit dem eigenen Handeln. In Eichmanns Auftritt inszeniert sich das Böse auf groteske Weise. Es erscheint folgerichtig, dass Arendt im Fortgang ihres Nachdenkens über das Böse, das Gewissen und die Entzweiung des Menschen mit sich selbst Shakespeares *Richard III* zitiert, als der, laut mit sich selbst redend, Spruch und Widerspruch aneinanderreiht und kein Ende des Streits zwischen Ich und Ich möglich scheint. Die Leser*innen erleben hier eine Inszenierung des Dialogs zwischen mir und mir, den Arendt Denken nennt. »Das Denken – das Zwei-in-einem des stummen Zwiegesprächs – aktualisiert den Unterschied in unserer Identität, wie er im Bewusstsein gegeben ist, und so entsteht als Nebenprodukt das Gewissen.«[19] So ist es also die Bühne des Bewusstseins, auf der sich entscheidet, was gut ist und was böse. Hannah Arendts Reflexionen über das Böse kennen die Jasper'sche »Tiefe der Transzendenz« nicht. Das denkende Ich, das sich schließlich entscheidet für ein gutes oder böses Handeln hat seinen Ort im »Nirgends«, schreibt Arendt.

In ihrem Aufsatz *Über den Zusammenhang von Denken und Moral* kommt Arendt noch einmal auf Eichmann und das Böse zu sprechen. Sie betont, wie sehr sie Eichmanns offenkundige Unfähigkeit, so etwas wie eine denkende Aufmerksamkeit in Gang zu bringen, ihr Interesse erregt habe. Für Arendts politische Theorie ist das deshalb nicht unwesentlich, weil das Ergebnis einer Arbeit des Gewissens jederzeit und überall politische Relevanz hat, ins politische Leben eingreift.

Auch in Arendts Gesprächen mit Joachim Fest steht Eichmann im Mittelpunkt. Sowohl in der Radiosendung vom 9. November

1964 als auch in Briefen, die beide zwischen 1964 und 1973 wechseln, tauschen sie ihre Ansichten zum »Fall« Eichmann aus. In besagter Radiosendung nennt Arendt Eichmann einen »typischen Funktionär«, insofern, als die eigentliche »Perversion des Handelns das Funktionieren ist«. Arendt ist der Meinung, Eichmann habe sich durch sein Funktionieren selbst entdämonisiert. Das Böse nimmt damit ein Alltagsgesicht an.

Wie bereits erläutert, hängt für Jaspers die Fähigkeit, Gutes oder Böses zu tun, eng mit dem Willen zusammen. In ihren Vorlesungen an der *New School for Social Research* in New York setzt auch Arendt sich intensiv mit der Rolle des Willens in Bezug auf das Böse auseinander. Sie unterscheidet die Sokratische Moral, die sich auf das Denken gründet, von der christlichen Ethik, die den Willen als das Vermögen, Gutes zu tun, deutet. »Der Wille ist ein geistiges Vermögen, das Paulus entdeckte, an dessen Bestimmung Augustinus weiterarbeitete und das anschließend wie kein anderes menschliches Vermögen interpretiert und uminterpretiert worden ist.«[20] Innerhalb der Philosophiegeschichte gibt es nach Arendt zwei Faktoren, die in der Auseinandersetzung mit dem Willen eine Rolle spielen: »seine kommandierende Funktion und seine Funktion als Schiedsrichter«. Innerhalb des Christentums und vor allem mit dessen Institutionalisierung

> erschien das, was kommandiert, mehr und mehr ausschließlich als eine Stimme von außerhalb, sei es als die direkt zu Menschen sprechende Stimme Gottes oder die der kirchlichen Autorität, deren Aufgabe es ist, die Stimme Gottes unter den Gläubigen zu Gehör zu bringen. Und es stellte sich mehr und mehr die Frage, ob der Mensch in sich ein Organ besitzt, das zwischen widerstreitenden Stimmen unterscheiden kann.[21]

Arendt sieht diese Fähigkeit nicht im Willen, sondern im Urteilen begründet. In diesem Zusammenhang kommt sie auf Kant zu sprechen und dessen Nachdenken über die Rolle des Gemeinsinns für die Urteilskraft. Zum Gemeinsinn gehört nach Kant die Einbildungskraft und von hier aus lässt sich sehr gut nachvollziehen, wieso Arendt sich auf Kant bezieht, wenn es um Fragen der Moral geht. Mithilfe der Einbildungskraft setzen Menschen sich in die Lage, sich in andere, die abwesend sind, hineinzuversetzen. Kant spricht in diesem Zusammenhang von einer »erweiterten Denkungsart«. Ob ein Urteil Gültigkeit besitzt, hängt davon ab, mit wie vielen und welchen Leuten ich Umgang pflege. Solche Urteile sind dann intersubjektiv und repräsentativ. Hinzu kommt die Bedeutung von Beispielen. Dass etwa die Aussage, es sei besser, Unrecht zu leiden als Unrecht zu tun, in der zivilisierten Welt angekommen ist, hängt nach Arendt damit zusammen, dass Sokrates nach dieser Maxime handelte und als Beispiel für diese Einstellung gelten kann.

All das, was Arendt in ihren späteren Jahren zum Thema des Zusammenhangs von Moral, Denken und Urteilen geschrieben hat, wurzelt in ihren Erfahrungen beim Eichmann-Prozess. Mit Jaspers hat sie vom Beginn des Prozesses an heftig korrespondiert. Jaspers vertritt die Meinung, Eichmann müsse eigentlich vor einer Art internationalem Gerichtshof seinen Prozess bekommen. Immerhin sei dies eine Sache, die die gesamte Menschheit angehe und betreffe. In diesem Punkt zeigt sich Arendt einig mit dem Freund. Allerdings fehlt auch jetzt bei ihr jedes Bedürfnis, zu überhöhen, was Jaspers durchaus tut. »Ich fühle in diesem Eichmann-Prozess und in dem, wie er verlaufen wird, etwas Symbolisches. Es gibt Augenblicke, in denen ein Licht aufgehen kann oder die versäumt werden.«[22] Jaspers fürchtet zudem einen neuen Antisemitismus, falls dieser Prozess allein dem Staat Israel überantwortet wird. Dem kann Arendt nicht zustimmen Aber alles in allem sind sich die beiden einig und wieder einmal wird deutlich, wie wichtig für Arendt trotz all ihrer scheinbar nüchternen Sachlichkeit, der Umstand war, dass es »mitten in all dem Grauen« solche Freunde wie Karl und Gertrud Jaspers gibt, die sie jederzeit besuchen kann.

Die entscheidende Schrift von Karl Jaspers über Politik und Moral ist sein 1946 erschienener Essay *Die Schuldfrage*. Jaspers unterscheidet darin vier Schuldbegriffe. Einer davon ist »moralische Schuld«. »Die Instanz ist das eigene Gewissen und die Kommunikation mit dem Freunde und dem Nächsten, dem liebenden, an meiner Seele interessierten Mitmenschen.«[23] Diese Auseinandersetzung des Menschen mit Schuld ist für Jaspers eine vor allem innere Angelegenheit. Von außen kann man einen anderen nicht richten. Jaspers schaut auf den Einzelnen, wenn es um Moral geht. Interessant, dass er aber auch hier die Kommunikation als zentrale Möglichkeit ins Spiel bringt. Der einzelne Mensch schaut nach innen und kommuniziert nach außen mit denen, die ihm nahestehen. Das heißt, er bringt, auch wenn es um Moral geht, Freundschaft und Liebe ins Spiel.

Zur gleichen Zeit veröffentlicht Jaspers in der Monatsschrift *Die Wandlung* einen Essay mit dem Titel »Das Unbedingte des Guten und das Böse«. Die beiden entscheidenden Sätze in diesem Essay lauten: »Unbedingtheit kann nur Unbedingtheit des Guten sein und: Ein Jenseits von gut und böse gibt es für den Menschen nicht, sondern nur für die Gottheit.«[24] Jaspers geht also auf jeden Fall von einer Unbedingtheit aus, wenn er vom Bezug des Menschen zum Guten spricht. Es gibt das Gute in einer unbedingten Form, im Unterschied zum Bösen, das ein sich Abwenden vom Guten bedeutet. Der Mensch aber, der Böses tut, ist allerdings in der Lage, eine ungeheure Energie zu entwickeln.

Jaspers zitiert und interpretiert die gleiche Stelle aus Shakespeares *Richard III*, wie Arendt später, um seine Ansicht zum Thema gut und böse zu verdeutlichen.

> Was fürcht' ich denn? Mich selbst? Sonst ist hier niemand.
> Richard liebt Richard: das heißt, ich bin ich.
> Ist hier ein Mörder? Nein.-Ja, ich bin hier.
> So flieh'! – Wie? Vor dir selbst? Mit gutem Grund:

> Ich möchte rächen. Wie? Mich an mir selbst?
> Ich liebe ja mich selbst. Wofür? Für Gutes,
> Das je ich selbst hätt' an mir selbst getan?
> O leider, nein! Vielmehr hass' ich mich selbst,
> Verhaßter Taten halb, durch mich verübt.
> Ich bin ein Schurke,- doch ich lüg', ich bin's nicht.
> Tor, rede gut von dir! – Tor, schmeichle nicht!

Arendt deutet diese Stelle als eine Art inneren Krieg, als Zwiegespräch der Seele mit sich selbst, in diesem Fall das Zwiegespräch eines »schlechten Menschen«, in dessen Innerem keine Harmonie herrscht, der mit sich selbst entzweit ist. Es ist die Arbeit des Gewissens, die Arendt schildert. Sie spricht Richard ein Gewissen zu. Allerdings funktioniert es nur in dem Moment, in dem Richard bei sich und fern der Gesellschaft des Hofes ist. Sobald Richard sich in der Gesellschaft und unter seinesgleichen bewegt, konstatiert er, ein Gewissen sei nur etwas »für Feige«.

Jaspers deutet diese Shakespeare-Stelle anders: Wo Arendt von der positiven Arbeit eines Zwiegesprächs mit sich selbst spricht, betont Jaspers die »Selbstverzehrung des Bösen in der Isolierung des Ich.«[25] Er betrachtet den Monolog Richards als ein »Sich-im-Kreise-drehen des Ja und Nein zu sich«. Richard wäre dann ein unseliger Grübler, der, indem er der Gesellschaft und damit der Kommunikation für eine Weile fernbleibt, in eine schreckliche Isolation hineinwächst. Das Böse hat für Jaspers eine »Pseudo-Unbedingtheit«. Es plustert sich auf, als wäre es unbedingt, ist es aber nicht. Die Rettung für den Menschen kann nur darin bestehen, eine Haltung zu entwickeln. Er muss wissen, wo er steht. Das bringt ihn in die Lage, zu urteilen über gut und böse, aber nur auf sich selbst, niemals auf andere bezogen. Keine Privatperson hat das Recht, sich als Richter über andere aufzuspielen.

Was Jaspers als Isolierung des Ich bezeichnet, ist für Arendt der notwendige Rückzug aus der Gesellschaft, um in das Zwiegespräch mit sich selbst eintreten zu können. Eine »Nebenwirkung« dieses Zwiegesprächs ist das Gewissen, das mittelbar und vor allem in Grenzsituationen auch politisch ist, indem es befreiend wirkt auf die Urteilskraft.»...die Urteilskraft, das Nebenprodukt der befreienden Wirkung des Denkens, realisiert das Denken, bringt es in der Erscheinungswelt zur Geltung, wo ich nie allein bin und immer viel zu beschäftigt, um denken zu können.«[26] Was Jaspers als Isolation wahrnimmt, ist für Arendt eine hoch kommunikative Angelegenheit. Der Rückzug aus der Gesellschaft ermöglicht diese ganz besondere Form der Kommunikation des Ich mit sich selbst. Das Unbedingte hat für Arendt bei der Gewissensbildung keinen Platz. Sie verortet die Auseinandersetzung mit Gut und Böse in den Bereich zwischen mir und mir, diesen stummen Dialog, der nicht erscheint und dennoch wirklich ist.

So ist die Auseinandersetzung mit dem Politischen ein Thema, das Thema, mit dem sich Arendt und Jaspers zeitlebens intensiv und kontrovers auseinandersetzen. Es ist für beide ein Lebensthema, zumal sie mit dem Verlust eines offenen politischen Diskurses in der Zeit des Nationalsozialismus direkt konfrontiert waren. Was es heißt, keine politische Öffentlichkeit mehr zu haben, hat beide tief geprägt und ihr gesamtes Denken beeinflusst. Um einen umfassenden Einblick in die Natur politischen Denkens und Handelns haben sie hart in der Sache und freundschaftlich im Umgang miteinander gerungen.

Sprechen und Handeln

Wenn vom Politischen die Rede ist, geht es indirekt und häufig sehr direkt auch immer um das Sprechen. Deshalb denken Arendt und Jaspers in immer neuen Anläufen über Möglichkeiten von Sprache nach.

In *Von der Wahrheit* widmet Karl Jaspers ein umfangreiches Kapitel der Sprache. Er betont, wie stark wir an die Sprache gebunden seien, dass diese uns führe und sogar »unmerklich beherrsche«. Um nicht in der Bedeutungslosigkeit zu versinken, brauchen Menschen die Sprache.

> Nur was angesprochen und ausgesprochen ist, hebt sich aus dem traumhaften Strom des Geschehens. Ich erfahre und erfasse deutlich, was mir in der Sprache gegenwärtig wird. Es ist wie ein Zauber; das Ding, das mit seinem Namen angesprochen wird, ist plötzlich da. Was namenlos bloß ist und geschieht, verdämmert im Grenzenlosen.[1]

Jaspers bezieht sich auf Nietzsches »Sein ist Ausgelegtsein«, Sein als Sprechen und Sprachverleihung. Dabei ist Sprache nie ein technisches Mittel, sie ist aber auch auf keinen Fall Seinsursprung. Dies zu betonen, ist für Jaspers sehr wichtig. Sprache kann auch ein »Aufbewahrungsort erworbenen Wissens« genannt werden. Nur das in Sprache Gefasste sei eigentlich da, gerate in Helle und Bewegung. Worte sind für Jaspers nie eindeutig, sondern schwebend in ihrem Bedeutungsreichtum. Es bleibt immer ein rätselhafter Rest, ein Stück Dunkelheit. Jaspers spricht von einem »schwebenden System von Bedeutungen«. Worte sind für ihn viel mehr als bloße Zeichen. Die Sprache ist Ausdruck des ganzen Menschen und nur in der Sprache ist etwas wirklich. Der sprechende Mensch ist in der Lage, bereits Gewusstes wieder zum Leben zu erwecken und in einen neuen Erkenntnisprozess zu überführen. Mithilfe der Sprache wird ein Fortschreiten von Erkenntnis möglich. Auch hier im Bereich der Sprache steht für Jaspers die Kommunikation an erster Stelle. Es gehe darum in der Sprachmannigfaltigkeit durch Kommunikation zum Menschsein zu kommen. Für Jaspers ist die Sprache von universalem Charakter und das heißt, sie ist allgegenwärtig. Jaspers betont das Rationale der Sprache, ihre logische Struktur, die jedoch nicht das Leben der Sprache selbst sein könne. »Aber das Rationale ist nicht starr, vielmehr biegsam und transformierbar, wie es lebendige im Unterschied zu toten Knochen sind.«[2] Sprache und Denken durchdringen einander bei Jaspers, das Wort ist nicht einfach Zeichen für eine Sache. Er prägt dafür den Ausdruck »erfüllte Wortsprache«. Die Zeichen sind eindeutig, Worte sind mehrdeutig. Die Zeichensprache taugt nur bezüglich der Gegenstände, die von jedem Verstand als identisch anerkannt werden können.

Dass Denken an Sprache gebunden ist, ist für Jaspers völlig evident. »Erst als denkende Wesen sind wir Menschen. Erst mit der Sprache können wir denken.«[3] Sprechen als Mitteilung heißt, dass zum Verstehen dazu gehört, dass ich es wenigstens mir selbst mitteile. Die Arbeit des Bewusstseins vollzieht sich in Schritten, die Denkakte bauen sich auf, bis sie schließlich in einem Akt umspannt werden. All dies geschieht sprachlich. Als Grenze erkennt Jaspers einen Keim, einen Punkt der Sprachschöpfung, die eins ist mit dem Denken. »Nur die Grenze ist jener Punkt der Sprachschöpfung, jener Keim, der über die Sprache hinaus zu liegen scheint und doch nur als Sprache zur Erscheinung kommt.«[4] Jaspers grenzt die wertvolle Sprache ab von der »sprachlichen Armut«, die er in vielen Fachwissenschaften, aber auch im »Alltagsgerede der Zeitungen« findet.

Dass die Sprache mehr weiß als der sprechende Mensch, ist Hannah Arendt sehr früh schon bewusst. 1950 erzählt sie in ihrem Denktagebuch eine Episode, in der ihr die Bedeutung der Metapher zum ersten Mal in aller Klarheit aufgegangen sei. Sie habe über Jahre hin die Metapher »es öffnet mir das Herz« benutzt, ohne es je physisch erlebt zu haben. Nun, da sie die physische »Sensation« kenne, sei ihr klar, wie oft sie gelogen habe. Gleichzeitig, betont Arendt, habe ihr die Metapher bereits eine Ahnung davon gegeben, was es mit diesem Vorgang auf sich haben könne. Die Sprache, in diesem Fall die Metapher, weiß etwas, das die Person, die diese Metapher benutzt, möglicherweise noch gar nicht kennt. Ohne sprachliche Vorkenntnis hätte sie wahrscheinlich die Tragweite der Erfahrung nicht ermessen können. Auch ist es für Arendt so, dass gerade die Metapher Denken und Dichten verbindet. Das Denken holt sich aus dem Sichtbaren die Worte, um das Unsichtbare zu bezeichnen. So verbindet die Metapher das Sichtbare mit dem Unsichtbaren und das Gewusste mit dem Unwissbaren.

Karl Jaspers sieht in der Metapher »Wahrheit und Wirklichkeit« erfasst. Auch Hannah Arendt ist der Meinung, dass wir nur in der Sprache und vor allem in ihrer metaphorischen Möglichkeit Wahrheit haben. »In nichts offenbart sich die eigentümliche Vieldeutigkeit der Sprache – in der allein wir Wahrheit haben und sagen können und die in ihrer notwendigen Abgeschliffenheit uns immer im Weg ist, die Wahrheit zu finden – deutlicher als in der Metapher.«[5] Die Metapher wird also von beiden als ausgezeichnete Möglichkeit der Sprache gesehen. In ihrer *Laudatio auf Karl Kaspers* beschäftigt sich Arendt mit einer Metapher, die sie als für Jaspers Werk durchgehend zentral ansieht: die Helle. Sie ist der Meinung, es sei gerade ein Zeichen »großer« Autoren, dass man bei ihnen eine durchgehende Metapher finde. Die Jasper'sche Metapher von der Helle nimmt Arendt auf, wenn sie im Interview mit Gaus davon erzählt, dass es dort, wo Jaspers spreche, hell werde.

Die in ihren Augen so besondere Art des Sprechens von Karl Jaspers ist eine zentrale Erfahrung Hannah Arendts. Seine, wie Arendt sagt, »unvergleichliche Fähigkeit für das Gespräch«, gehört zu den prägenden Kennzeichen dieser Freundschaft.

Im zweiten Band der *Philosophie* von Karl Jaspers findet sich ein interessantes Kapitel zum Thema »Diskussion«. Jaspers Ansatz geht davon aus, dass die Diskutierenden ihre Meinung zunächst überhaupt nicht kennen. Die Deutlichkeit einer Meinung entsteht erst in der Diskussion. »Doch Prinzipien sind ihnen sogleich relativ; keines ist an sich absolut, sondern als rationales ein nur vorläufiges Ende.«[6]

Und so sieht Jaspers es als vollkommen positiv an, wenn »entschiedenste Uneinigkeit« besteht, denn gerade sie binde die Diskutierenden aneinander. Im Mittelpunkt hat die Sache zu stehen, das Zu-denkende, Zu-besprechende. Die Sache fordert das völlige »Dabeisein« der Gesprächspartner. Das Hören spielt dabei eine ebenso große Rolle wie das Sprechen. Es hat für Jaspers etwas Vorauseilendes, steht bereits in einem Verstehensprozess, lange bevor ein »Ergebnis« feststeht, weil es ein substantielles Hören ist und nicht lediglich intellektuell gesteuert. Jaspers erwartet von den Diskutierenden, dass sie sich den schöpferischen Qualitäten der Sprache öffnen. Ein produktives Gespräch richtet sich nicht nach einem Plan aus. Gleichwohl sollte es sich nie einfach zufällig ergeben oder gar ins Chaotische abdriften, sondern den Charakter der selbstbeherrschten gegenseitigen Offenheit haben. Vor dem Monologisieren sollte man sich hüten, denn »Wer zu Monologen bei einseitigem Überschütten des Anderen neigt, pflegt auch unwahr zu schweigen.«[7] Die Bereitschaft zur Kommunikation offenbart sich nach Jaspers im Sprechen selbst. In seiner Analyse des erhellenden Gesprächs lässt Jaspers einen Spielraum zu, einen Raum des Möglichen, dem er sonst eher misstraut, was sich vor allem in seiner Beschäftigung mit literarischen Texten gezeigt hat. Hier nun, im wesentlichen Gespräch, erlaubt Jaspers das Spiel der Möglichkeiten im Dienst der Erhellung bestimmter Sachverhalte beziehungsweise Themen. Wer jemand ist oder sein kann, schließt sich im Gespräch auf. Und so wird der eine für den anderen im Gespräch hörbar, und niemals im Monolog.

Auch Arendt misst dem Miteinandersprechen eine überragende Rolle zu. Das was zwischen den Menschen ist, die gemeinsame Welt, zeigt sich je unterschiedlich. Das Sprechen ist eine Möglichkeit, in Erscheinung zu treten, von sich selbst zu »künden«. Menschen erzählen sich gegenseitig ihre Geschichten und offenbaren darin, wer sie sind. »Vollendete Tatsachen« verunmöglichen jede Verständigung. Auch für Arendt ist es der Zwischenraum, der im Miteinandersprechen zu einem erfüllten wird. Arendt nennt dies Zwischen das »Bezugsgewebe menschlicher Angelegenheiten«. Es ist ungreifbar, aber dennoch nicht weniger wirklich als die Dingwelt. Sehr wichtig ist für Arendt auch das »über« etwas sprechen im Dialog mit anderen. »Ohne die Form des ›über‹ gibt es kein Gespräch. Im ›über‹ drückt sich aus, dass wir die Welt gemeinsam haben, dass wir zusammen die Erde bewohnen.«[8] Jaspers würde dem voll zustimmen können.

Vor dem Hintergrund dessen, was Jaspers und Arendt über das Sprechen beziehungsweise Reden schreiben, lässt sich ihr freundschaftliches Gespräch noch einmal deutlicher vorstellen. Sprechen als sich der gemeinsamen Welt vergewissern. Sprechen als sich von verschiedenen Seiten einer Sache, einem »Über« annähern. Die Abwehr fester Vorgaben, Methoden, Pläne, Ergebnisse. Verzicht auf Selbstinterpretation und Interpretation des anderen. So kann man über Stunden und sogar Tage diskutieren. Was bisher schwer vorstellbar war, lässt sich nun fast sinnlich greifbar machen. Es entsteht ein bewegtes, fast filmisches Bild der beiden, wie sie ins Gespräch versunken sich ihre Geschichten und die Geschichte der Welt erzählen. Und dies in vollem Ernst und mit großer Disziplin.

Angeklungen ist bereits, dass Sprechen, vor allem das Miteinander-Sprechen stets in einem Weltbezug stattfindet. Und so stellt sich wie selbstverständlich die Frage ein, in welchem Bezug das Sprechen zum Handeln steht.

Für Hannah Arendt ist das Sprechen eng verknüpft mit dem Handeln. »Sprechend und handelnd schalten wir uns in die Welt der Menschen ein, die existierte, bevor wir in sie geboren wurden, und diese Einschaltung ist wie eine zweite Geburt, in der wir die nackte Tatsache des Geborenseins bestätigen, gleichsam die Verantwortung dafür auf uns nehmen.«[9] Kurz und prägnant drückt Arendt hier ihre Vorstellung der »Gebürtlichkeit« des Menschen aus. Dabei seien Handeln und Beginnen enger miteinander verbunden als Sprechen und Beginnen. Worte aber seien dafür besser geeignet, zu zeigen, wer einer ist. Wichtig ist es zu betonen, dass es sowohl für das Sprechen als auch für das Handeln keines besonderen Entschlusses bedarf. Initiative und Entschluss sind für Hannah Arendt nicht dasselbe. Ein »initium« zu sein und also Initiative zu ergreifen, gehöre zum Menschsein dazu. Menschen sind Anfänger im wahren Sinn des Wortes. Handeln heißt für Arendt »Neuanfangen« ohne bewusste Entscheidung. Wieder geht es um das Bezugsgewebe menschlicher Angelegenheiten, in das jeder nicht nur im Sprechen, sondern auch im Handeln seine Fäden schlägt, Initiativen ergreift. Indem wir sprechen und handeln, wird unser Leben zu einer erzählbaren Geschichte, deren Autor aber niemals der einzelne selbst sein kann. Es braucht einen Beobachter von außen. Arendt führt als Beispiel Sokrates an, von dem wir, wie sie sagt, ein besseres Bild haben als von den meisten Philosophen, weil wir seine Geschichte kennen. Interessant und für Arendt typisch ist es, dass sie sich auch hier in die Welt der Sprachkunstwerke begibt, um zu verdeutlichen, was sie meint. Diesmal handelt es sich um das Theater, die Bühne, denn »die Schauspielkunst ist die Kunst ›handelnder Personen‹.« Für Hannah Arendt ist das Theater »die politische Kunst par excellence«.

Vor allem in der *Vita activa* schreibt Arendt sehr anschaulich und ausführlich über das Handeln. Und kommt immer wieder auf das Geschichtenerzählen zu sprechen. Das Handeln ist unabsehbar und seine Bedeutung liegt im Dunkeln, bis es zu einem Abschluss gekommen ist und dann jemand zur Stelle sein muss, der die Geschichte erzählt. »So sind erzählbare Geschichten zwar die einzigen eindeutig-handgreiflichen Resultate menschlichen Handelns, aber es ist nicht der Handelnde, der die von ihm verursachte Geschichte als Geschichte erkennt und erzählt, sondern der am Handeln ganz unbeteiligte Erzähler.«[10] Selbst in diesem der Vita activa zugeordneten Bereich spielt für Arendt also die Sprache eine herausragende Rolle. Das Handeln kann als solches relativ blind geschehen, verstanden wird es erst, wenn es sich zu einer erzählbaren Geschichte verbindet.

> Handeln und Sprechen sind so nahe miteinander verwandt, weil das Handeln der spezifisch menschlichen Lage, sich in einer Vielheit einzigartiger Wesen als unter seinesgleichen zu bewegen, nur entsprechen kann, wenn es eine Antwort auf die Frage bereithält, die unwillkürlich jedem Neuankömmling vorgelegt wird, auf die Frage: Wer bist Du?[11]

Menschen offenbaren also handelnd und sprechend, wer sie sind. Auch im »objektivsten Miteinandersein« kommt es auf das Bezugssystem an, in dem die Sprechenden und Handelnden stehen, spricht dies »Bezugssystem menschlicher Angelegenheiten« mit. Dabei ist es für Arendt sehr wichtig, dass handelnde Menschen niemals die Ziele, die ihnen vorschweben, in Reinform verwirklichen können. »Das ursprünglichste Produkt des Handelns ist nicht die Realisierung vorgefasster Ziele und Zwecke, sondern die von ihm ursprünglich gar nicht intendierten Geschichten, die sich ergeben, wenn bestimmte Ziele verfolgt werden, und die sich für den Handelnden selbst erst einmal wie nebensächliche Nebenprodukte seines Tuns darstellen mögen.«[12] Dass handelnde und sprechende Menschen sich schließlich in einer Geschichte wiederfinden, ist für Arendt die »vorpolitische« und »prähistorische« Bedingung dafür, dass es überhaupt Geschichte gibt.

Karl Jaspers gewichtet das Handeln auf andere Weise. Er sieht es im Bereich »endlicher Zweckhaftigkeit«, in dem er auch die Arbeit verortet. »Handeln ist in der menschlichen Gemeinschaft das Tun, das jeweils in Situationen frei entscheidet.«[13] Als Beispiel wählt Jaspers den Politiker, der verantwortungsvoll und frei handele im Unterschied zum Beamten, der arbeite und gehorche. Im weiteren Verlauf seiner Analyse tritt der Psychologe Jaspers zutage. Es geht ihm um die Analyse des Verhältnisses von Bewusstem und Unbewusstem. Im Handeln, sagt Jaspers, komme immer auch Unerwartetes hinzu, weshalb das Handeln immer einen Anteil Unbegründbarkeit im Entschluss habe. Mit der Unbegründbarkeit ist Jaspers nahe bei Arendt, aber die Betonung des Entschlusscharakters des Handelns ist bei ihr nicht zu finden.

Jaspers definiert das Handeln auch als »denkendes Tun«. Mit Denken meint er in diesem Zusammenhang »gegenständliches Erkennen«. Man entwerfe mit dem Verstand das Ganze. Um den Zweck zu erreichen, suche man die Mittel, die dem »technischen Wissen« entspringen. »Jeder besondere Akt des Handelns ergibt sich aus einer Berechnung des erkennenden Verstandes.«[14] Es ist also der rechnende Verstand, der für Jaspers für das Handeln zuständig ist. Im Handeln zeige sich, dass der Mensch eine Art »Weltbaumeister« sei.

Als zweite Form des Denkens, das für das Handeln eine Bedeutung hat, nennt Jaspers das »erhellende Denken«. Seine Aufgabe liegt darin, den Ursprung, aus dem gehandelt werde, zu erleuchten. Hier haben wir es mit dem Undurchdringlichen zu tun, es geht um Sinn, um »letzte Antriebe«. Da das Ganze nie gewusst sein könne, bleibe in allem Handeln ein Rest »Unwahrheit«. Im Handeln werde ein Bestimmtes ergriffen, das ein anderes negiere. Dem Handeln wohnt also Negativität inne. Sie tritt für Jaspers in drei Gestalten auf: Verzicht, Entsagung und Hingabe. Ein entscheidender Faktor ist für Jaspers auch die Entschlossenheit und hier insbesondere die Entschlossenheit als »Unbedingtheit des Wesens, das sich in geschichtlicher Gestalt verwirklicht«. Jaspers Begriff des Handelns ist eingebettet in seine Philosophie. »Handelnd trete ich in die Endlichkeit eines bestimmten Zwecks und bleibe doch getragen von dem Umgreifenden, das der Wahl dieses Zwecks ihren Sinn gibt.«[15] Was für Arendt das Bezugsgewebe menschlicher Angelegenheiten ist, ist für Jaspers die Endlichkeit eines bestimmten Zwecks. Hier zeigt sich wieder die starke Ausrichtung des Denkens von Karl Jaspers auf Zeitlichkeit hin. Im Handeln zeigt sich die Verknüpfung von Endlichem und Unendlichem, von Bedingtheit und Unbedingtheit, Wahrheit und Unwahrheit.

Wenn man die unterschiedlichen Weisen betrachtet, in denen Arendt und Jaspers das Handeln betrachten, lässt sich zusammenfassend konstatieren, dass Arendt in Beziehungsgeflechten denkt, während Jaspers Richtungen und Ziele im Horizont des Umgreifenden im Blick hat. Er sieht das Handeln als etwas grundsätzlich Gerichtetes, Arendt hingegen nimmt das Beziehungsgeflecht in den Blick, in das der Mensch als Handelnder seine Fäden spinnt. Jaspers sieht den Menschen vorrangig als bewusst eine Wahl treffenden, Arendt geht davon aus, dass Menschen als Menschen immer schon Handelnde sind.

Gott und Transzendenz, Sterben und Tod

Bisher ging es vor allem darum, herauszuarbeiten, in welchem Umfang und in welcher Form Arendt und Jaspers sich dem Verhältnis von Denken und Handeln, politischen Themen, gesellschaftlichen Fragen, den Möglichkeiten von Sprache, Natur und Geschichte, Gut und Böse gewidmet haben. Über all diese Themen haben sich Arendt und Jaspers intensiv ausgetauscht.

Bei all diesen Auseinandersetzungen steht für Jaspers immer auch der Bezug zu dem, was er »das Umgreifende« nennt, im Raum. Menschliches Leben findet sich stets in einem Bezug zu dem über jede Art von Berechenbarkeit oder Beherrschbarkeit Hinausliegenden. Das heißt, Gespräche über im Grunde alle Fragen, die menschliches Leben betreffen, finden für ihn unter permanenter Bezugnahme auf den Horizont dessen, was er das Umgreifende nennt, statt.

Wie aber sieht es aus, wenn man sich die Frage nach dem Wesen dieses Umgreifenden, nach den sogenannten »letzten Dingen« selbst stellt? Inwieweit beschäftigt sich Arendt damit? Ein Umgreifendes kennt sie nicht. Wie denken und sprechen Arendt und Jaspers also über Gott, Sterben und Tod? Führen sie überhaupt einen Dialog über diese Fragen?

Der Gedanke an Gott ist das natürliche, dem Denken eigentümliche Resultat; er steigt aus jeder Art Denken auf. Gott ist das nichtseiende Resultat, das dem Zustand des Nichtseins im Denken entspricht. ›Tantot je pense, tantot je suis‹. Wenn ich bin, als einer, in meiner Realität von Anderen bestätigt, kann ich höchstens an Gott glauben, als das schlechthin andere, dem ich mich anvertraue. Wenn ich denke, bin ich in der Nähe Gottes, gerade weil er das Fernste ist. An ihn denken heißt: Das Denken denken, nämlich: Das-dem-Fernen-in-die Nähe-Kommen oder das In-die-Nähe-Kommen des Fernen noch einmal ausdrücklich denken.[1]

So Hannah Arendt in ihrem Denktagebuch vom Dezember 1969. Gott wird als Resultat jeder Art von Denken gesehen. Welch große Bedeutung Arendt dem Denken zumisst, wird hier von Neuem klar. Als klares Subjekt fungiert hier das Denken, auch wenn es der Gedanke an Gott ist. Deutlich unterschieden werden muss dieses Denken an Gott von einem Denken über Gott, was Arendt weit von sich weist. Es sei die Theologie, die über Gott nachdenke und ihn damit in den Bereich des Zwischen ziehe, wo Menschen versuchen, zu einer Verständigung über ein Thema zu kommen. Arendt siedelt deshalb die Theologen im Bereich des Politischen an. »Das Denken-an ist in der Tat rein kontemplativ. Das Denken-über ist immer schon praktisch, ist nur die andere Seite des Handelns.«[2] Arendt bringt das Denken-an oder die Andacht, wie sie schreibt, mit der Verlassenheit zusammen. »Insofern ist Verlassenheit, wenn sie positiv wird, religiös per definitionem.«[3] Das Religiöse als Denken-an aber ist nicht zu verwechseln mit der Theologie als Denken-über, die immer auch politisch ist.

Ganz anders Karl Jaspers:

> Der Eine Gott entzieht sich der Denkbarkeit: Gedacht würde er ein Endliches unter anderem Endlichen. Er entzieht sich der Vorstellung und Anschauung; durch sie würde er ein Sinnliches. Er ist der für Gedanke und Anschauung leer werdende Punkt der Transzendenz, der Bezugspunkt von allem, was ist, der Träger, das Ziel, der Ursprung. ... Die Frage ist, wie dieser ferne Eine Gott zum Sprechen kommt in der Welt, wie er zum nahen Gott wird, ja für den Frommen zum Allernächsten, Allgegenwärtigen. Es geschieht im Medium gleichnishafter

Anschauungen und Gedanken, in dem die Wirklichkeit bezwingend da sein kann.[4]

Auch bei Jaspers geht es um Ferne und Nähe beim Nachdenken über Gott. Das Subjekt ist bei Jaspers der »Eine Gott«. Das Denken ist Instrument zur Erhellung, was aber im Bereich des Religiösen zu einem Hilfsmittel greifen muss: der gleichnishaften Anschauungen und Gedanken, denn darin könne die Wirklichkeit »bezwingend« da sein. Jaspers vergleicht den Einen Gott mit der griechischen Götterwelt, in der die Götter in einer menschlichen Sphäre agierten und sprachen. »Die absolute Transzendenz des Einen Gottes aber kommt aus der Weltüberlegenheit und bringt Weltüberlegenheit hervor.«[5] Der Eine Gott ist für Jaspers auch die absolute Innigkeit, die ihren Raum in der Innerlichkeit des Menschen hat.

Wenn man diese beiden Texte genauer betrachtet, wird deutlich, wie sehr Jaspers darauf bedacht ist, noch im Geheimnisvollsten eine Art von Fassbarkeit herzustellen. Der ferne Gott muss auf irgendeine Weise zum nahen Gott werden. Wie bei Arendt ist auch bei Jaspers die Grunderfahrung die eines fernen Gottes. Aber es gibt ein Denken, das Nähe schaffen und eine Ferne herbeiholen kann: das Denken in Gleichnissen. Gleichnisse sind in der Lage, Gott zu einer starken Wirklichkeit zu verhelfen. In den Gleichnissen ist Gott nahe, vor allem für die Frommen. Er spricht auf diese besondere gleichnishafte Weise zu ihnen. Dadurch kommt der Mensch in eine intensive Bindung zu Gott. Ohne diesen Bezug zu Gott ist die Welt bodenlos, der Mensch blickt in einen Abgrund. Auch seine Freiheit erhält der Mensch durch diese innige Bindung an den »transzendenten Gott«. In dem Moment, in dem wir uns persönlich getroffen wissen durch Transzendenz, »nennen wir sie Gott.«[6] Gott und Mensch treten in eine Ich und Du Beziehung. Dies ist eine für Jaspers zentrale Aussage. Es kommt ihm ganz offensichtlich darauf an, das Persönliche der Bindung an Gott herauszuarbeiten, deutlich zu machen. Es ist für ihn selbst entscheidend. Er selbst hat ein Bedürfnis nach dieser Bindung. Diese Ansicht ist allerdings ziemlich weit entfernt von dem, was Arendt zum Thema zu sagen hat. Die Unsichtbarkeit, die der Ort des Denkens ist, das Nichtsein, die Leere, erschreckt sie überhaupt nicht. Arendt spricht nicht von Bodenlosigkeit. An Gott denken heißt für Arendt die Ferne denken, die Fremdheit, die nicht aufgehoben wird im Denken, im Gegenteil, die das Denken als solches ist. Jaspers Äußerungen haben das Ziel zu beruhigen, Sicherheit zu vermitteln, den Eindruck von einer möglichen Geborgenheit des Menschen zu geben. Arendts Äußerungen bringen jeden Gedanken an Geborgenheit oder Sicherheit, wenn er sich auf Gott bezieht, ins Wanken.

Ein ebenso raffinierter Gedankengang Hannah Arendts findet sich in einem anderen Denktagebucheintrag vom Dezember 1952, also 17 Jahre früher als das o.g. Zitat aus dem Denktagebuch. Schon der erste Satz des Eintrags schlägt ein wie ein Blitz: »Gott schuf den Menschen nach seinem Ebenbild – also ist Gott die platonische Idee des Menschen.«[7] Es gibt keinen Hinweis, dass Arendt solche Gedanken zu Gott mit Jaspers besprochen hat. Im ersten Teil des Zitats ist Gott der aktive. Er schafft seine Geschöpfe nach seinem Bild. Im zweiten Teil geht es um den Menschen und seine Idee von Gott. Der Mensch schaut sich selbst an und sucht das Urbild für sich selbst und findet es in Gott. Gott ist somit für Arendt »als der Mensch der menschliche (und nicht ›übermenschliche‹) Maßstab der Menschen«. Weiter führt Arendt aus, dass Gott danach das sei, was der Mensch wäre, wenn es nur einen Menschen gäbe. Wenn Gott eine Idee ist, die Idee des Menschen, dann erkennen wir einander als Menschen nur, weil es Gott gibt, so wie wir ein Bett nur als Bett erkennen, weil es die Idee des Bettes gibt. Arendt bringt hier, wie sie selbst sagt, den Gedanken der Genesis mit Plato zusammen. Sie bewegt sich also durchaus im Rahmen eines metaphysischen Denkens. In diesem Denktagebuch-Zitat spricht die Philosophin Arendt, im Denktagebuch-Zitat von 1969 bewegt sie sich in einem Denken, das sich gelöst hat von philosophiegeschichtlichen Vorgaben.

Im Bereich der Vielen aber, also innerhalb der Pluralität, im Zwischen-den-Menschen befinden wir uns nach Arendt in einem entgöttlichten Raum. Und so kann und darf es im Politischen keinen absoluten Maßstab, keine Idee, kein »Einmischen des Göttlichen« geben. Hier herrschen rein menschliche Vereinbarungen.

Unser Leben zeichnet sich aus durch Pluralität, dadurch, dass wir nicht einfach Einer sind, während Gott sich nicht innerhalb der menschlichen Pluralität zeigt, eben weil er Einer ist und daher einsam. Und so können wir nach Arendt erst im Tod Gott nahe sein. Dann begegnen sich der Mensch in seiner Verlassenheit und Gott in seiner Einsamkeit. Das »Gottvertrauen« sieht Arendt als eine Vorbereitung auf diese Begegnung an.

Im Mai 1965 kommt Arendt auf eine Situation in ihrem Leben, eine Grenzsituation, wie Jaspers sagen würde, zu sprechen, die ihre Haltung Gott gegenüber maßgeblich beeinflusst hat. »Seit meinem siebten Lebensjahr habe ich eigentlich immer an Gott gedacht, aber über Gott habe ich niemals nachgedacht.«[8] Ebenso wenig habe sie sich je die Frage nach dem Sinn des Lebens gestellt, obwohl sie sich oft gewünscht habe, nicht mehr leben zu müssen. Damals, im siebten Lebensjahr, starben sowohl Arendts Vater als auch ihr Großvater. Nachdem diese beiden wichtigen Menschen aus der Sichtbarkeit in die Unsichtbarkeit verschwunden waren, tauchte Gott auf als Korrelat zur Unsichtbarkeit, als Raum des Andenkens, der Andacht. Arendt gibt allerdings zu, dass auch das Denken wie alles andere nach Erscheinung drängt. Es zeigt sich in der Sprache. Im Namen Gottes erscheint der Unsichtbare.

Jaspers unterscheidet den Gott der Philosophen vom Gott der Gläubigen. Es geht ihm um den Unterschied von Philosophie und Religion. »Es ist in der Folge der Unterschied von Gottheit und Gott – von gedachter Transzendenz und lebendigem Gott; das Eine der Philosophie ist nicht das Eine der Bibel.«[9] Auf Gott zu leben und denken wir für Jaspers in jeder Hinsicht, egal ob wir uns an die Bibel halten oder philosophieren.

Hannah Arendt studiert bei Rudolf Bultmann Theologie und zwar zusammen mit Hans Jonas. Die beiden sind die einzigen Juden in den Seminaren des Professors. Jonas erzählt in seinen *Erinnerungen* davon, wie Arendt sich verhalten habe und welche Ansprüche sie stellte. »Hannah war eine bewusste Jüdin ohne etwas vom Judentum zu wissen, also das, was man eine am-ha-arez nennt.«[10] Sie habe sich bei Bultmann eingeführt mit der Bemerkung, dass sie sich antisemitische Angriffe nicht bieten lassen würde, worauf Bultmann sehr gelassen reagierte und die Überzeugung äußerte, sollte so etwas passieren, so würden sie beide das Problem gemeinsam lösen, da sei er sich sicher. Hannah Arendt habe mehrere Semester bei Bultmann studiert und sich sehr für das Neue Testament interessiert. Arendt steht dem Zionismus distanziert gegenüber und Jonas führt das vor allem auf ihr »Nichtwissen vom Judentum« zurück. Was auf jeden Fall konstatiert werden kann: Arendt kritisiert die jüdische Vorstellung vom auserwählten Volk Gottes, weil es die Juden daran hindere, Pluralität zu leben, indem sie sich in eine »Einzigkeit hineingeschwindelt« hätten, wie es in einem Denktagebucheintrag von 1951 heißt.

Mit der Geschichte des Judentums allerdings hat Arendt sich lebenslang und intensiv beschäftigt. Ihren Schwerpunkt legt sie auf die historische, politische und gesellschaftliche Dimension, nicht auf die genuin religiöse. Sie kritisiert die Vorstellung von der »Auserwähltheit« der Juden schwer wie auch überhaupt die Rede vom »Volk Gottes«. Aber natürlich koppelt Arendt die Religion nicht vom Politischen ab.

> Die politische Bedeutung des Monotheismus liegt darin, dass die entscheidende Differenz zwischen Gott und Menschen darin gesehen wird,

dass Gott als Einer und die Menschen nur im Plural existieren können. Aus dieser politischen Einsicht stammt, dass der Monotheismus zwar spekulativ-philosophisch längst entdeckt war, politische Wirksamkeit aber erst erlangte, als er ›Nationalreligion‹ wurde, d.h. einmal, bei den Juden, zum Fundament gerade des Politischen gemacht wurde.[11]

Religion ist nicht per se politisch, wirkt aber ins Politische hinein. Und was das Moment des Historischen betrifft, so konstatiert Arendt, sowohl bei den Juden als auch bei den Christen werde ein rein weltliches Handeln als sinnlos angesehen. Jaspers steht in seiner Haltung zu Religion und Politik in dieser Tradition. Für ihn ist weltliches Handeln nur sinnvoll im Horizont des Umgreifenden.

Eng verknüpft mit dem Thema Gott ist die Auseinandersetzung mit Sterben und Tod.

> Man könnte sein ganzes Leben als ein Gegebenwerden und ein Genommenwerden ansehen; das beginnt schon mit dem Leben selbst, gegeben bei der Geburt, genommen mit dem Tod; und die ganze Zeit dazwischen könnte leicht als unter demselben Gesetz stehend betrachtet werden.[12]

So schreibt Hannah Arendt am 25. Januar 1972 an ihre Freundin Mary McCarthy. Zwei Jahre zuvor ist Arendts Mann Heinrich Blücher gestorben und die Traurigkeit über diesen Verlust bleibt spürbar. Leben und Sterben als Naturvorgänge stehen unter einem Gesetz, in das Menschen nicht eingreifen können. Nach dem Tod Heinrich Blüchers hat das Altwerden für Arendt eine vorher nicht geahnte Brisanz bekommen. Sie interpretiert diese Erfahrung im Brief an Mary McCarthy als stufenweise »Transformation einer Welt mit vertrauten Gesichtern (egal ob Feind oder Freund) in eine Art Wüste, die von fremden Gesichtern bevölkert ist.«[13] Zu verstehen ist diese Einsicht, wenn man sich noch einmal neu verdeutlicht, dass es für Arendt kein wirkliches Gefühl von Zuhause-Sein in der Welt geben kann, wenn sie geliebte Menschen nicht um sich hat oder wenigstens aus der Ferne mit ihnen kommunizieren kann.

Wie alles, womit Arendt konfrontiert wird, wird auch die Tatsache, dass Menschen altern und schließlich sterben, von ihr auf besondere Weise in den Blick genommen, und es kommt zu überraschenden gedanklichen Blitzlichtern auf diese Phänomene. So notiert sie im Mai 1970 in ihrem Denktagebuch:

> Wenn wir in die Welt geboren werden, sind wir erst einmal mit Erscheinendem konfrontiert, mit sinnlich Wahrnehmbarem. Da wir als Fremde in sie hineingeboren werden, als Neuankömmlinge von der Welt her gesehen, sind wir von Erstaunen überwältigt, und unsere Fragen gelten dem Bekanntwerden in ihr. Daher war Philosophie in Griechenland den Jungen, Neuen vorbehalten. Das Gleiche gilt in vermindertem Maß von der Wissenschaft. Unser Staunen nimmt ab in dem Maße, wie wir mit der Welt bekannt werden. Wenn wir gerade uns einigermaßen in ihr eingerichtet haben, mit ihr vertraut sind, sind wir mit dem Tod konfrontiert, der nochmals alles in Frage stellt, aber nun das »Ganze überhaupt«, nicht mehr das Einzelne, mit dem wir uns vertraut gemacht haben. Und darum ist Philosophie dann wieder eine Sache der Alten oder derer, die sich das Ende vorstellen können.[14]

Arendt äußert damit einen ihrer Grundgedanken: Zunächst erleben wir die Welt als etwas Fremdes, das es zu erobern gilt. Und auch wir sind, von der Welt her betrachtet, Fremdlinge, Neuankömmlinge. Am Ende unseres Lebens taucht eine neue Fremde auf: der Tod. Er wirft uns auf uns selbst zurück, wir beschäftigen uns mit etwas Neuem und erfahren nun die Welt, die so lange ein vertrauter Ort war, wieder als Fremde, Staunende. Nachdem wir im Laufe unseres Lebens das Staunen fast verlernt haben, holt es uns am Ende wieder ein, wenn auch auf einer anderen Ebene. Wir staunen nicht mehr über einen Baum, ein Haus, die Sonne, sondern darüber, dass es überhaupt dies alles, also das Ganze gibt, dass wir so lange in dieser Welt herumspaziert sind, die wir irgendwann in naher Zukunft verlassen werden.

Arendt spricht von »absoluter Singularität«, in der wir Menschen stehen, wenn wir sterben. Es ist ein »fremder Ort«, von dem wir Abschied nehmen. Dabei gehört der Tod durchaus zu den Tatsachen, die, wenn auch erst im Alter, vorstellbar sind. Das Vorstellungsvermögen des Menschen ist in der Lage, Bilder des Todes zu entwickeln. Diese Bilder bleiben allerdings im Allgemeinen haften, denn unseren eigenen Tod können wir uns gerade nicht vorstellen, sondern nur »die Maxime: Alle Menschen sind sterblich«. Auf diese Weise bleibt er uns unbegreiflich. So ganz unbekannt ist uns der Tod aber doch nicht. In irgendeiner Form ist er nämlich unserem Körper immer schon innewohnend. »In uns selbst gerade meldet sich der Tod immer schon als eine Grunderfahrung unseres Körpergefühls an. Schon ein schlechter Zahn ist Beweis genug, dass wir im Leben nicht nur leben, sondern auch sterben.«[15] Über ein Körpergefühl wird uns klar, dass Sterben zu uns gehört. Der Körper sendet Signale, die unleugbar sind. Alle Menschen müssen sterben, weil sie einem Genus angehören. Die Körperbefindlichkeiten anderer können wir allerdings nicht teilen und deshalb bleibt uns ihr Tod unbegreiflich. Der Tod jedes Menschen ist etwas Singuläres. Wir dürfen aber die Singularität, die wir im Tod erreichen, nicht verwechseln mit unserer Einzigartigkeit. In unserer Einzigartigkeit werden wir für uns selbst erst dann wahrnehmbar, wenn wir für andere in Erscheinung treten. Nur als erscheinende Wesen können wir einzigartig sein. Solange wir allein sind, bleibt uns unsere Einzigartigkeit verborgen. Im Denken hingegen treten wir aus der Erscheinung zurück und so kommt Arendt in ihrem Denktagebuch zu einer verblüffenden Formulierung: »Vom Leben her gesehen ist Denken der lebendige Tod, …«[16] Eine paradoxe Erfahrung: Sobald ich mich als lebendige, einzigartige Existenz aus der

Erscheinung ins Denken zurückziehe, habe ich eine Art Todeserfahrung, die allerdings lebendig ist.

Für Karl Jaspers ist der Tod nicht nur unbegreiflich, sondern auch unvorstellbar. Er gehört zu den »Grenzsituationen«, die das Leben bereithält. Jaspers spricht von der »Undenkbarkeit« des Todes. In seiner Betrachtungsweise wird der Tod zum Gegenstand für das Denken. An diesem Gegenstand scheitert das Denken allerdings, kommt an seine Grenzen. Arendt geht mit dem Tod nicht wie mit einem Denkobjekt um. Sie vergleicht die Unsichtbarkeit des Denkens mit der Unsichtbarkeit des Todes. Das Denken ist nicht identisch mit der Erfahrung des Todes, aber im Denken bringt sich der Mensch in die Nähe des Todes.

Der Begriff der Grenze, den Jaspers immer wieder ins Spiel bringt, kommt in Arendts Denken und Sprechen eher selten vor. Was für sie zählt, sind Übergänge. Der denkende Mensch betritt eine Raum- und Zeitlosigkeit, in der sinnlich Wahrnehmbares eine unsichtbare Gestalt annimmt. Die Wirklichkeit wird als erinnerte präsent, geht vom Sichtbaren ins Unsichtbare über. Leben und Tod bilden keinen Gegensatz. Der Mensch tritt bei der Geburt in die Welt der Erscheinungen ein und ist selbst für andere eine Erscheinung. Irgendwann tritt er aus dieser Welt ins Unsichtbare hinüber und wird für die anderen unsichtbar.

Jaspers geht aus vom grundsätzlich Antinomischen der Existenz, und so ist für ihn der Tod »der Widerspruch des Lebens«. Menschen reagieren auf unterschiedliche Weise auf die Erfahrung des Todes als Grenzsituation. Zunächst ist eine »nihilistische Reaktion« möglich, meint Jaspers. Ein Sinn wird geleugnet, Verantwortung spielt keine Rolle. Alle anderen Reaktionen hingegen gehen von einem Sinn aus, der über das Leben hinausreicht. Hier haben Unsterblichkeitsgedanken, wie etwa im Buddhismus, ihren Platz. Diese festen Weltanschauungen, die dem Menschen einen Halt bieten sollen, nennt Jaspers »Gehäuse«.

Der im Gehäuse existierende Mensch ist der Tendenz nach abgesperrt von den Grenzsituationen. Diese sind ihm durch das fixierte Bild der Welt und der Werte ersetzt. So kann er, dem schwindelerregenden Prozess entronnen, sich gleichsam in einem behaglichen Wohnraum einrichten.[17]

Leben aber findet für Jaspers im Aushalten von Gegensätzen und Grenzsituationen statt. Gehäuse müssen immer wieder aufgebrochen werden, denn nur so bleibt der Mensch im Bewusstsein der Grenzsituationen lebendig.

Die wiederkehrende Erfahrung von Grenzsituationen bedingt Leiden, aber auch eine Entfaltung der Lust am Dasein. Die Besonderheit der Grenzsituation Tod liegt darin, sowohl allgemein menschlich als auch individuell zu sein. Zum Moment des Allgemeinen gehört, dass alles, was wirklich ist, vergeht, »dem Untergang verfallen« ist. Für das individuelle Bewusstsein bedeutet der Tod eine einschneidende Grenze. »Es bleibt etwas gänzlich Inkommensurables, etwas ganz Geheimes, etwas ganz Einsames im Menschen, das er selbst nicht sagen, das er auch anderen nicht vermitteln kann.«[18] Im Unterschied zu Hannah Arendt versucht Jaspers vor allem in seiner *Psychologie der Weltanschauungen* die verschiedenen Reaktionen der Menschen auf den Tod als Grenzsituation zu beschreiben. Wo Arendt bei einer Feststellung bleibt, beim Konstatieren einer Erfahrung, geht Jaspers darüber hinaus, um zu einem Verständnis unterschiedlicher Lebenseinstellungen zu kommen. Er beschäftigt sich mit Nihilismus und Buddhismus und mit Kierkegaard, der die Frage nach der Unsterblichkeit in völliger Subjektivität stellt. Hannah Arendt interessiert sich für das Phänomen Tod. Jaspers hat den Menschen in seinem Verhältnis zur Sterblichkeit im Blick. In ihrer *Vita Activa* nennt Arendt Geburt und Tod »weltliche Ereignisse«. Weil Jaspers von Grenzsituationen ausgeht, vernachlässigt er die Geburt, die für Arendt die Bedingung der Möglichkeit für das Handeln ist.

Nach dem plötzlichen Tod von Heinrich Blücher im Oktober 1970 schreibt Arendt an Mary McCarthy, dass sie ganz gut funktioniere, aber sicher sei, das geringste Missgeschick werde sie aus der Bahn werfen.

Bei der offiziellen Gedenkfeier anlässlich des Todes von Karl Jaspers hält Arendt am 4. März 1969 eine Ansprache. Sie sagt: «Wir wissen nicht, was geschieht, wenn ein Mensch stirbt. Wir wissen nur: Uns hat er verlassen.»[19] Wieder weist Arendt auf die Tatsache hin, dass der Tod anderer für uns nicht verstehbar ist. Wir haben keine Vorstellung davon, was passiert, wenn ein anderer Mensch stirbt. Es bleibt das Gedenken. »Das Gedenken vollzieht sich im Umgang mit dem Toten, aus dem dann das Gespräch über ihn entspringt und wieder in die Welt klingt.«[20]

Eine Art von Denken-an im Sinne von Hannah Arendt hört man aus dem heraus, was Jaspers über seine Beziehung zu seinen toten Eltern schreibt:

> Ich fühle die größte Nähe, als ob ich von mir selbst spräche; denn ich finde alles in mir wieder, wenn auch oft schwächer und unentschiedener, was ich in meinen Eltern sehe. Aber ich fühle zugleich etwas, das mir die Grundhaltung rücksichtsloser Objektivität verwehrt, die ich in der Analyse von Menschen als Psychiater gelernt habe.[21]

Im Denken an seine Eltern treten diese aus der Ferne in die Nähe. Aufgrund seiner lebenslangen Krankheit ist für Jaspers der Tod präsenter als bei Hannah Arendt. Richtig gesund fühlt er sich nie und nur eine harte Disziplin erlaubt ihm ein einigermaßen »normales« Leben. In der Zeit des Nationalsozialismus spielt Jaspers mit der Idee eines Selbstmords, weil seine Frau Jüdin ist und das Paar in Deutschland bleibt.

Das Leben steht von nun an anders als je unter dem Tod: Hier oder dort in eine Lage kommen zu können, ja diese Lage als drohende Möglichkeit vor sich zu sehen: in der nur bleibt, sich das Leben zu nehmen, um dem Sterben unter größeren Qualen und Würdelosigkeiten zuvorzukommen.[22]

Sterben und Tod sind Themen, denen sich Arendt und Jaspers in sehr unterschiedlichen Weisen stellen. Bei Jaspers spürt man eine größere Dringlichkeit aufgrund seiner fragilen gesundheitlichen Situation. Beide Ansätze bieten Raum für ein intensives Weiterdenken.

In den Briefen der letzten Jahre vor Karl Jaspers Tod ist Jaspers gesundheitlicher Zustand immer wieder Thema. So schreibt er am 23. Dezember 1964: »Es geht langsam. Über das Alter, das Vergessen, die Ermüdbarkeit habe ich oft genug geklagt; das brauche ich nicht zu wiederholen.«[23] Dann zitiert er Max Weber und spricht vom »pianissimo des Alters«, das schön sei, solange »das kreatürliche Verderben so leise und zahm und nicht böse ist«. Es sind immer wieder kurze Bemerkungen, die sich mit dem Alter und der körperlichen Hinfälligkeit befassen. Im Mittelpunkt stehen weiterhin die tagesaktuellen politischen Vorkommnisse. Arendt freut sich, dass Jaspers noch immer trotz seines vorgerückten Alters »mehr denn je im Zentrum des Erscheinenden« stehe. »Dann noch das dem Tode Näherrücken. Das macht mir, glaube ich, wenig aus. Ich habe immer gern gelebt, aber so gerne, daß es immer weiterdauern sollte, auch nicht. Mir war der Tod immer ein angenehmer Genosse – ohne Melancholie. Krankheit wäre mir sehr unangenehm, lästig oder schlimmer. Was ich gerne hätte, wäre ein sicheres, anständiges Mittel zum eventuellen Selbstmord; ich hätte es gern in der Hand.«[24] Krankheit blieb ihr erspart, wie sie es gewünscht hat.

Im September/Oktober 1966 ist Arendt für ein paar Wochen bei Jaspers in Basel gewesen. In einem Brief vom 10. Oktober im

Anschluss an die gemeinsam verbrachte Zeit schreibt Karl Jaspers, wie schön die Gespräche gewesen seien, so ganz ohne Zeitdruck und manchmal in eine »andere Tiefe« gehend als früher. Er betont, dass er sich Arendt gegenüber in seinem Sosein zeigen könne.

> Du warst in Abschiedsstimmung, anders als früher, besorgter. Natürlich kann ich nicht widersprechen, wo alles in unserem hohen Alter und bei so vielen, an sich, für sich allein noch nicht bedrohlichen Symptomen so ungewiß ist. Trotzdem sträube ich mich, solange nicht ein errechenbarer Termin sichtbar wird. Vorläufig lebe ich mit Gertrud in der Hoffnung, Dich und Heinrich nächstes Jahr wiederzusehen, wenn die Hoffnung auch leiser wird wie in früheren Jahren.[25]

Und so bestärken sie sich immer von Neuem darin, welch »ungeheures Geschenk diese Freundschaft ist«.

In der Gegenwart

> Bei der neuen Generation haben wir es mit einer Menschengruppe zu tun, der die unheimlich destruktiven Tendenzen des rasanten technischen ›Fortschritts‹ der letzten Jahrzehnte in Fleisch und Blut sitzen.[1]

So schreibt Arendt im Jahr 1970 und zitiert den US-amerikanischen Biologen, Physiologen und Biochemiker George Wald: »Womit wir konfrontiert sind, ist eine Generation, die in keiner Weise sicher ist, daß sie eine Zukunft hat.[2]

Liest man diese Zeilen, so hat man den Eindruck, sie seien gerade jetzt, im gegenwärtigen Moment geschrieben worden. Auch heutige junge Menschen sind sich nicht mehr sicher, dass sie eine Zukunft haben. Der Klimawandel, die vielen Kriege und Bürgerkriege in der Welt haben Sicherheiten fragil werden lassen. Arendts Aussage hat also einen großen aktuellen Wert. An alle bedeutenden Denkerinnen und Denker wird diese eine Frage immer gestellt: Wie haben sie ihre eigene Gegenwart wahrgenommen und was kann ihr Werk an Erhellendem für ein Verstehen unserer Gegenwart beitragen? Dass Arendt und Jaspers sich den Fragen ihrer Zeit gestellt und Lösungsvorschläge erarbeitet haben, wurde im Lauf der Auseinandersetzung deutlich. Dennoch lohnt es sich, einen noch genaueren Blick zu werfen auf das, was sie zu sagen hatten zu ihrer eigenen Gegenwart und ihre Aussagen auf ihren möglichen Bezug zu unserer Gegenwart hin zu untersuchen.

Am 31. Mai 1971 schreibt Hannah Arendt in einem Brief an ihre Freundin Mary McCarthy davon, dass sie den Eindruck habe, die »Geschichten« verschwänden. Dass die Leben von Menschen erst dann wirklich verstanden werden, wenn man sie in Form von Geschichten erzählen kann, gehört zu den Grundeinsichten Hannah Arendts. All ihre biografischen Versuche leben davon. Und so fragt sich Arendt, womit das von ihr konstatierte ganz offensichtliche Verschwinden von Geschichten zusammenhängen könnte. Vielleicht mit den »übermäßigen Ereignissen« des Jahrhunderts? Damit, dass das faktische Geschehen, das Hereinbrechen von gewaltigen, schier unglaublichen Ereignissen den Menschen die Fähigkeit und den Wunsch, zu erzählen, nehmen? Denn das Leben selbst, sei es zufällig oder schicksalshaft, stecke voller Geschichten. Man muss nur mit dem Erzählen beginnen.

Eine weitere Möglichkeit für das Verschwinden von Geschichten sieht Arendt darin, dass das »Selbst« sich so wichtig nehme, sodass immer nur verschiedene Versionen der identischen Erfahrung zu erzählen seien. Arendt ist offenbar der Meinung, die Menschen ihrer Zeit seien nicht mehr in der Lage, über das eigene Selbst hinauszuschauen. Und so sind die Geschichten, die sie über sich erzählen, nichts weiter als langweilige Selbstbespiegelungen, ohne auf einen reichen vielfältigen Erfahrungsschatz in der Welt der Erscheinungen zurückzugreifen. Erfahrungen lassen sich in Erzählungen unterbringen. Sie können so oder so erzählt werden. Es herrscht keine Eindeutigkeit. Eine Eindeutigkeit erhalten sie erst dann, wenn sie vom immer gleichen Blickwinkel aus erzählt werden, also das Selbst sich wichtiger nimmt als das zu Erzählende. Denkt man Arendts Beobachtungen in unsere heutige Gegenwart hinein, so fallen einem unwillkürlich neue Möglichkeiten der Selbstbespiegelung ein: So sind zum Beispiel die beliebten »Selfies« Selbst-Inszenierungen in Momentaufnahmen. Sie erzählen keine Geschichten, sondern stellen die Person für den Moment fest. Es gibt kein Vorher und kein Nachher. Man vergewissert sich, gerade jetzt in einer bestimmten Weise da zu sein, und zwar genau so, wie man selbst gesehen werden möchte. Es ist interessant, dass im Gegensatz zum Selfie in der klassischen Fotografie, durch den Blick eines anderen auf mich, durchaus eine Geschichte erzählt wird. Die heute übliche Selbstinszenierung im Moment suggeriert den Beobachtern, es gehe im Grunde nur um die Monopolstellung des Ich. In welchen Zusammenhängen dieses Ich steht, scheint eine untergeordnete Rolle zu spielen. Diese Menschen wollen keine Geschichte erzählen, sie wollen zeigen: Hier bin ich und ich bin etwas ganz Besonderes. Hannah Arendt richtet auf jeden Fall bereits in den frühen 1970er Jahren ihr Augenmerk auf dies merkwürdige Phänomen eines Verlusts an echten Erfahrungen, eine Entwicklung, die sich mit den Möglichkeiten der neuen Techniken ganz offenbar verstärkt. Als könnte man sich selbst ganz einfach gegenübertreten und etwas aus sich machen, was man dann den anderen, den Freunden, der Öffentlichkeit präsentiert. In Hannah Arendts Überlegungen zur Gegenwart nimmt der Mensch mit seinen Erfahrungsmöglichkeiten einen breiten Raum ein. Denn er schlägt seine Fäden in ein Bezugssystem, das vor ihm bereits da war.

In ihrer *Vita activa* im Kapitel über das Herstellen beschäftigt sich Arendt auch mit dem Erscheinen des Computers. Dabei geht sie aus von den spezifisch intellektuellen Tätigkeiten und unterscheidet Denken, Erkennen und die rein logische Verstandestätigkeit. Das Denken bedarf der lebendigen Erfahrung, das Erkennen bedarf eines bestimmten Gegenstandes. Es schlägt sich in den Wissenschaften nieder, während das Denken eine Nähe zur Kunst hat. »Denken als eine Tätigkeit ist endlos wie das Leben, das es begleitet und die Frage, ob es einen Sinn hat zu denken, ist genauso unbeantwortbar wie die Frage, ob das Leben einen Sinn habe.«[3] Das Erkennen hingegen ist ein Prozess mit Anfang und Ende. Es setzt sich ein Ziel, es hat diesem Ziel zu nutzen, und wenn es sein Ziel verfehlt, hat es seinen Zweck nicht erreicht.

In den logischen Verstandestätigkeiten geht es für Arendt eigentlich um eine Art Kraft-Entfaltung, »die der Arbeitskraft, die sich aus dem Stoffwechsel des Menschen mit der Natur ergibt, sehr ähnlich ist.«[4] Es ist die Struktur des menschlichen Gehirns, in dem die logischen Gesetze verankert sind und zwar auf ganz natürliche Weise. Es handelt sich eigentlich um ein physisches Kraft-Phänomen. Diese Prozesse können auch durch Maschinen ersetzt werden. Maschinen, sagt Arendt, funktionieren nach dem altbewährten Prinzip der Arbeitsteilung. So wie die im Gehirn verankerten Intelligenzprozesse weltlos sind, wie Arendt schreibt, sind auch Computer, »diese ins Gigantische gewachsenen Rechenmaschinen«, weltlos und nicht in der Lage, eine Welt zu errichten. Arendt ist überzeugt davon, dass Denken und Erkennen nicht den gleichen Ursprung und das gleiche Ziel haben wie die logische Verstandestätigkeit. Die logische Verstandestätigkeit wird durch eine Zielvorgabe Schritt für Schritt in Bewegung gesetzt. Denken und Erkennen haben nichts zu tun mit einem physischen Kraft-Phänomen. Sie begleiten das Leben in all seinen Erfahrungsmöglichkeiten.

Eine andere zentrale Gegenwartsfrage betrifft das Verhältnis von Wissenschaft und Wirklichkeit. In diesem Bereich spielen für Arendt Moral beziehungsweise Ethos eine Rolle. Die Menschen sollten sich stets erinnern, dass es Grenzen gibt, faktische Grenzen, die nicht überschritten werden sollten. »Vielleicht ist Fortschritt kein immerwährendes Phänomen. Eines Tages wird ihm auf diese oder jene Weise ein Ende gesetzt werden.«[5] Es gilt immer wieder, sich darüber klar zu werden, dass dem menschlichen Erkennen Grenzen gesetzt sind, dass der Mensch »auf seinen Platz zurückverwiesen wird.«[6] Es bleiben Reste von Unsicherheit, auch bei kontinuierlicher Ausweitung des Wissens. Arendt spricht von der berechtigten Furcht, Menschen brächten sich in die Lage, Prozesse auszulösen, die sie schließlich nicht mehr kontrollieren könnten.

Wie hellsichtig erscheint das für uns Heutige, wenn man an Klimawandel, Gen-Technik oder Künstliche Intelligenz denkt. Und das o.g. Zitat von George Wald spricht genau das aus, was die Generation von Schülerinnen und Schülern in Unruhe versetzt und zum Widerstand herausfordert. Es ist gar nicht mehr so sehr die Frage, wie unsere Zukunft aussehen wird, sondern es geht darum, ob wir überhaupt eine Zukunft haben. Hier besteht eine direkte Parallele zwischen heute und der Zeit, in der Arendt lebte und dachte.

Das Problem der Unabsehbarkeit dessen, was moderne Wissenschaft entdeckt und fördert, ist auch ein Thema von Karl Jaspers. In seiner Rede zur 500-Jahr-Feier der Universität Basel im Jahr 1960 spricht er darüber, wie unabsehbar die Folgen des Wissens sind. Auch ihm ist es wichtig, die Frage nach den natürlichen, faktischen Grenzen menschlichen Erkennens und Forschens ins Spiel zu bringen. Die Grenzen tun sich dort auf, wo die menschliche Existenz als solche befragt wird. Jaspers unterscheidet zwischen Richtigkeit und Wahrheit. Richtigkeit wird im Bereich der Wissenschaft erreicht, um Wahrheit geht es in Philosophie und Theologie. Wissenschaft ist eine »Weise der Praxis«, schreibt Jaspers in *Von der Wahrheit*. Sie bleibt unabsehbar. »Wissenschaft findet kein Ende. Sie kann ihr Ziel grundsätzlich nie erreichen.«[7] In der Wissenschaft, schreibt Jaspers in *Von der Wahrheit* sei die Erkenntnis als solche Zweck des Tuns. Die Wissenschaft sei »weltfremd«, weil von der unmittelbaren Praxis in der Daseinssituation gelöst. Wenn aber Wissenschaft echte Praxis wird, dann ist sie »die konzentrierende Praxis eines versuchenden, methodischen Umgehens mit der Wirklichkeit, und zwar entweder mit den Naturdingen oder in historischer und geisteswissenschaftlicher Forschung oder innerlich als Arbeit des Geistes an sich selbst.«[8] Eine zentrale Rolle spielt für Jaspers das »Miteinanderaustauschen«, auch hier betont er die zentrale Rolle der Kommunikation. Jaspers ist der Überzeugung, dass die Welt der modernen Wissenschaft eine »Verdunkelung des Menschen« bedeutet, sobald sie sich absolut setzt und mit diesem Absolutheitsanspruch auftritt. Der absolute Wissenschaftsanspruch bedeutet, dass Menschen sich nicht mehr zeigen können, sondern dass mit dem Finger der wissenschaftlichen Erkenntnisse auf sie gezeigt wird. Wahrheit und Wissenschaft können auf diesem Weg nicht zusammenkommen. Die starke Betonung des Verlusts von Transzendenz innerhalb der modernen Wissenschaft unterscheidet Jaspers von Arendt.

Jaspers warnt vor dem Wissenschaftsaberglauben, »der nicht weiß, was eigentlich Wissenschaft ist, meint in der Bedeutung der benutzten oder bedienten Apparaturen wie in einem Muster das Ganze der Wahrheit und der Wirklichkeit und des Glücks zu greifen, als ob alles, was ist, in dieser Weise erkennbar, zu machen und weiter nichts sei. Er wird blind für Wahrheit und Wirklichkeit.«[9] Der »Sprung zur Transzendenz«, sagt Jaspers, sei möglich ohne Abstand zu nehmen vom wissenschaftlichen Denken und ohne seine Bedeutung zu leugnen.

Spannend ist es, nachzulesen, was Jaspers zur Rolle der Philosophie in seiner Zeit zu sagen hat. Er ist einerseits überzeugt von einer schwindenden Bedeutung der akademischen Philosophie, beklagt aber keineswegs den Verlust der Bedeutung von Philosophie überhaupt. Für ihn gehört sie zum Menschen als Menschen notwendig dazu. Jaspers deutet es durchaus positiv, dass die Wissenschaften sich von der Philosophie gelöst haben, um »rein« sein zu können. So könne sich auch das philosophische Denken viel freier entfalten. Allerdings gilt für die Wissenschaft, dass sie nicht aus sich heraus begründen kann, warum sie da sein will und so kommt die Philosophie für eine Letztbegründung von Wissenschaft doch wieder ins Spiel. Die Philosophie wird nicht verschwinden, sie muss nur gegenwärtig sein dürfen. Sie gehört zu jeder Zeit, auch in der Gegenwart, zur Selbstvergewisserung des Menschen. Jaspers Blick auf die eigene Gegenwart ist durch unbestechliche Schärfe gekennzeichnet. So glaubt er, eine »organisierte Vergnügungstätigkeit« beobachten zu können. Der Bezug zu unserer Zeit ist offensichtlich. Die Corona-Pandemie liefert einmal mehr den Beweis, wie schwer es vielen Menschen fällt, von industriell gesteuerten Freizeitbeschäftigungen abzulassen. Jaspers sieht hier einen »Geist des Machens« am Werk. »Dieses Bewußtsein: Das Entscheidende ist nicht zu machen, fehlt uns leider heute so sehr, wir waren so selten daran erinnert.«[10] Das sagt Jaspers in einem Interview mit Thilo Koch aus dem Jahr 1960. Auf brüchigem Boden zu stehen und sich mit aller Macht beweisen zu wollen, dass Sicherheit machbar ist, charakterisiert in Teilen Jaspers Lebenszeit wie auch unsere.

In der Gegenwart leben heißt für Arendt und Jaspers auch ganz entschieden direkten Anteil nehmen am aktuellen politischen Geschehen. Und so zeigt sich Arendt sehr besorgt über den Krieg in Vietnam. Im Januar 1966 schreibt sie an Jaspers, ihr Vertrauen in Präsident Johnson sei nicht sehr groß und was sie tröste, sei die starke Opposition gegen diese »verrückte Politik.« Sie kritisiert die arrogante Haltung der USA, das Gerede von der »größten Macht« der Welt. Und sie betont, es könne auf Dauer nicht bei dieser Übermachtstellung der USA bleiben, da China in der Zukunft eine »Großmacht ersten Ranges« sein werde.[11] Jaspers äußert in seinem Antwortbrief ein paar Vorschläge. Er plädiert für eine Volksabstimmung in Vietnam, kontrolliert von der UNO, ist sich jedoch klar darüber, wie schwer so etwas zu realisieren wäre. »Das Einfache und Vernünftige geht nicht, wenn Prestige, Gewalt, Gefühle mächtig im Spiel sind.«[12]

Hannah Arendts Sorge, Vietnam betreffend, bleibt virulent. Zwar glaube sie nicht wirklich an einen 3. Weltkrieg, aber manchmal kriege sie es doch mit der Angst. Was sie gut findet: Dass durch das Fernsehen ein ganzes Volk Anteil nehmen kann und auf diese Weise zum Gespräch aufgerufen wird. Womit deutlich wird, dass es Arendt immer um das Politische als Raum der Auseinandersetzung der Vielen geht. So reagiert sie auch positiv auf die Studentenunruhen. Als die Studenten im Mai 1966 die Universität in Chicago besetzen, geht Arendt mehrmals hin und spricht mit den Studenten. Und schreibt natürlich darüber an den Freund Karl Jaspers.[13]

Nach dem Attentat auf Kennedy am 22. November 1963 schreibt Jaspers noch am gleichen Tag an Arendt. Er habe das Gefühl, etwas Ungeheuerliches sei geschehen, könne es aber rational noch nicht fassen. Wie differenziert Jaspers bereits in der ersten Erschütterung schreibt. In diesen paar Sätzen wird nachvollziehbar, was für diese Freundschaft so zentral ist: die spontane Emotionalität zeigen zu dürfen und die gemeinsame rationale Aufarbeitung jederzeit beginnen zu können. Dies betrifft auch die Reaktionen auf unmittelbare Zeitereignisse und -tendenzen. Die Antwort Hannah Arendts ist im gleichen Tenor verfasst: Sie stehe noch ganz unter dem Entsetzen über diese schreckliche Tat. Ihre Freundin Mary McCarthy ist in diesen Tagen bei ihr und hat die Idee, einen investigativen Ausschuss zu gründen.[14]

Amerika ist überhaupt ein bleibendes Thema in den Gesprächen zwischen Arendt und Jaspers. Am 29. Januar 1946 schreibt Arendt an den Freund unter anderem über das »Rassenproblem«, das sie für Amerika konstatiert. Und wieder hat man den Eindruck, das sei gerade vorgestern geschrieben worden:

> Der Grundwiderspruch des Landes ist politische Freiheit bei gesellschaftlicher Knechtschaft. Das letztere ist vorläufig nicht absolut herrschend, wie ich schon sagte. Aber es ist gefährlich, weil die Gesellschaft sich »rassenmäßig« organisiert und orientiert. Und zwar gesellschaftlich ohne jede Ausnahme, von der Bourgeoisie bis herunter zur Arbeiterschaft. Das hängt natürlich mit dem Einwanderungsland zusammen, wird aber auf eine unheilvolle Weise verschärft durch die Negerfrage; d.h. Amerika hat wirklich ein ›Rassenproblem und nicht nur eine Ideologie.[15]

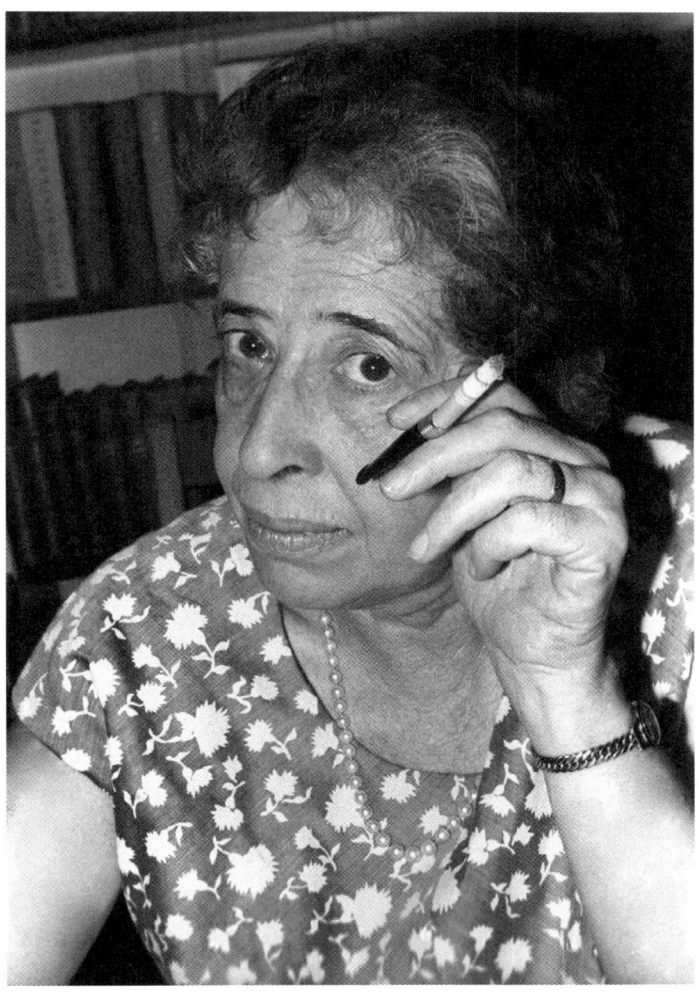

Hannah Arendt, 1966, in New York

Hinzugefügt werden muss natürlich, dass der von Arendt so selbstverständlich verwendete Begriff »Negerfrage« heute so von ihr sicher nicht mehr gebraucht werden würde. Zu ihrer Zeit war er noch üblich, ohne zwangsläufig einen diskriminierenden Beigeschmack zu haben. Jaspers geht in seiner Antwort auf diesen Punkt nicht direkt ein, findet aber, Arendt schreibe »erleuchtend« von Amerika und ihrer Lage dort. Offensichtlich vertraut er dem Urteil der Freundin ohne Vorbehalt.

Im Raum steht aber noch eine andere Möglichkeit von Gegenwart, die von Arendt und Jaspers ins Auge gefasst wird, nämlich Gegenwart als eine Dimension von Zeitlichkeit überhaupt, also die denkerische Auseinandersetzung mit dem Phänomen Zeit. Damit sind sie in der Mitte einer alten philosophischen Fragestellung gelandet.

> Die Gegenwart aktualisiert sich als Zeitraum, d.h. entgeht der Flüchtigkeit der Jetzt-Folge nur im Denken – und zwar sowohl in der Tätigkeit selbst, weil alle Bewegung ausgeschaltet ist, als auch in der denkenden Zusammenfassung eines Vorgangs oder eines Vorkommnisses. Zum Beispiel: Die Sommermonate in Tegna bestanden aus einer Abfolge von Tagen, Wochen, Stunden, Monaten. Aber im An-Denken sind sie zusammengefasst, als wären sie eine Gegenwart gewesen. Ohne Denken gibt es keine Gegenwart. Und ohne Gegenwart gibt es weder Vergangenheit noch Zukunft, die sich als solche nur im denkenden Erinnern und Erwarten konstituieren.[16]

So schreibt Hannah Arendt im November 1969 in ihr Denktagebuch. Und weist sich wieder einmal als profunde Kennerin der Philosophie Augustins aus. Für ihn werden Vergangenheit und Zukunft erlebbar im bewussten Prozess von memoria und expectatio. Die Zeiten sind nach Augustin »eine Art Dreiheit in der Seele«. Gegenwart haben heißt Gegenwärtigen.

Jaspers erörtert die Zeitdimension Gegenwart nicht vom Denken her, sondern vom Sein und von der Wahrheit. Das Denken, wenn es vom Umgreifenden her verstanden wird, ist das »eingeschlossene Ganze des je Gegenwärtigen, worin alles ist, was wirklich ist. …«[17] Wenn Jaspers das Denken in Bezug auf Gegenwart untersucht, dann geht es ihm um die Momente, in denen sich unser Bewusstsein in eine Art Zeitlosigkeit begibt. Jaspers spricht dann von »der reinsten Gegenwart des Ganzen«, in der es uns scheint, als könnten wir die Zeit tilgen, was wir aber natürlich nicht können. Es handelt sich um einen Als-ob-Zustand, in dem das Denken seine Grenze berührt und die Zeit transzendiert. Was für Arendt den Präsenzcharakter von Vergangenem in der Gegenwart ausmacht, ist für Jaspers eine Art Entrückungsform. Jaspers strebt danach, Gegenwart als reine Zeitform zu erleben. Arendt macht Gegenwartserfahrung als gefüllte Erfahrung.

Arendts Erfahrung von Gegenwart im Denken ist ein Raum, in dem alle Modi von Zeit miteinander ins Gespräch treten. Es ist ein Akt der Vergegenwärtigung, und in höchstem Maße anwesend ist das, was gerade nicht erscheint und doch wirklich ist. Das Denken, das in der Gegenwart stattfindet, entfernt sich gerade vom Gegenwärtigen.

In ihrem Buch *Vom Leben des Geistes* bezeichnet Arendt die Gegenwart des Denkens als ein Schlachtfeld und bezieht sich hierbei auf die Parabel *Er* von Franz Kafka.

> Er hat zwei Gegner: Der erste bedrängt ihn von hinten, vom Ursprung her. Der zweite verwehrt ihm den Weg nach vorn. Er kämpft mit beiden. Eigentlich unterstützt ihn der erste im Kampf mit dem zweiten, denn er will ihn nach vorn drängen, und ebenso unterstützt ihn der zweite im Kampf mit dem ersten; denn er treibt ihn zurück. So ist es aber nur theoretisch. Denn es sind ja nicht nur die zwei Gegner da, sondern auch noch er selbst, und immerhin ist es sein Traum, dass er einmal in einem unbewachten Augenblick – dazu gehört allerdings

eine Nacht, so finster, wie noch keine war – aus der Kampflinie ausspringt und wegen seiner Kampfeserfahrung zum Richter über seine miteinander kämpfenden Gegner erhoben wird.[18]

Die »Lücke zwischen Vergangenheit und Zukunft« ist nach Arendt das Schlachtfeld, auf dem beide Zeitdimensionen miteinander kämpfen. Die Gegenwart, in der das denkende Ich lebt, ist zeitlos und damit ist eine gewisse Nähe zu Jaspers Gedanken einer Tilgung von Zeit hergestellt. Allerdings denkt Arendt auch jetzt wieder nicht in der Kategorie von Grenzen, wie es Jaspers tut. Indem Vergangenheit und Zukunft »aufeinanderprallen«, wie Arendt sich ausdrückt, entspringt eine Zeitlosigkeit, die nicht mit der Ewigkeit gleichzusetzen ist.

Der entscheidende Unterschied zu Jaspers besteht darin, dass Arendt Gegenwart nicht von der Transzendenz her denkt. Für Jaspers ist das, was im Gegenwärtigen begriffen wird, ein im Transzendieren Berührtes.

Im Gegenwärtigen wird sein zeitloser Grund offenbar.« Dabei muss allerdings betont werden, dass die Gegenwart nicht etwa bewegungslos verharrt. »Sie ist das Moment im Ganzen der Zeitwirklichkeit, das im Vollzug der Verwirklichung Träger der Bewegung ist, eingebettet in die Folge des zugleich gegebenen und aktiv ergriffenen Geschehens.[19]

Dieses Eingebettet-sein ist etwas anderes als das Zurücktreten aus der Welt der Erscheinungen bei Hannah Arendt, das in ihrer Vorstellung Gegenwart ermöglicht.

Die Beziehung Arendt-Jaspers ist eine, die verschiedene Momente von Gegenwartsbewusstsein als zentrales Problemfeld einschließt. Zeitgeschichte und Philosophie, Theorie und Praxis sind dabei bei beiden eng miteinander verzahnt. Es geht um ein Nachdenken über

Gegenwartsfragen, um Vergegenwärtigung und um ein direktes Handeln innerhalb der eigenen politischen und gesellschaftlichen Gegenwart. Und es geht auch stets um die Vergegenwärtigung der Bedeutung dieser Freundschaft für beide. In ihrem Gespräch hängen sie nie an vergangenen Dingen, Ereignissen, Erlebnissen. Sie denken und agieren aus dem Gegenwärtigen heraus und auf die Gegenwart hin. Obwohl ihre denkerischen Ansätze unterschiedlich und oft sogar regelrecht kontrovers sind, bleibt der Horizont des Gesprächs offen, sprechen sie aus dem Moment heraus, ohne Hintergedanken, im Wissen, gehört zu werden.

Ins Offene gesprochen

Sollte nun so etwas wie ein Fazit gezogen werden? Entspräche das all dem, was in den vorangegangenen Kapiteln herauszuarbeiten versucht wurde?

Arendt und Jaspers haben ihr Gespräch in einen weit offenen Bereich hineingeführt. Sie sind nicht zu endgültigen Ergebnissen gelangt, sie haben kontrovers diskutiert, auf Augenhöhe, sie haben gestritten um die jeweilige Sache. Ihre Freundschaft war eine Gesprächsfreundschaft im besten Sinne. Bei ihnen kann man lernen, was es heißt, Zeitgenossenschaft als im Gespräch Sein zu leben.

Ihre Freundschaft war persönlich und hatte gleichermaßen Weltbezug. Es gibt kein Thema, dem sie sich total verweigert hätten, wobei die Schwerpunkte unterschiedlich ausgeprägt waren. Jaspers Interesse am Literarischen war längst nicht so stark wie bei Arendt. Und Arendt war eher zurückhaltend, wenn es um Religion ging. Für Politik und gesellschaftliche Fragen waren beide gleichermaßen aufgeschlossen, ja mehr noch, es war für sie eine denkerische und persönliche Notwendigkeit, sich mit Alltagspolitik wie auch mit Fragen von weltgeschichtlicher Bedeutung zu beschäftigen. Und wie sich gezeigt hat, haben sie sich auch mit dem Naturbegriff auseinandergesetzt, sich der Liebe als Thema zugewandt und sie auf verschiedene Weisen begrifflich gefasst. Sie haben das, was sie lebenslang getan haben, nämlich kommunizieren, ebenfalls denkerisch durchforstet. Die Frage nach einem Zuhause für den Menschen hat sie lebenslang umgetrieben. Nationalsozialismus und Totalitarismus waren zentrale Themen.

Stilistisch waren Arendt und Jaspers unverkennbar unterschiedlich. Sie waren eigen in der Auswahl der von ihnen bedienten Genres.

Gemeinsam waren sie eine Art nie erlöschendes Gesprächs-Feuer. Im Lauf der Beschäftigung mit ihrer Freundschaft wuchs der Wunsch, einmal dabei gewesen zu sein, ihnen zuhören zu können bei ihren Gesprächen, ihnen dabei zusehen zu dürfen.

Die Frage aus der Einleitung, ob die Geschichte dieser Freundschaft sich einfach erzählen ließe, kann mit einem, wenn auch vorsichtigen »Nein« beantwortet werden. Zu verneinen ist diese Frage, wenn es sich um eine geradlinig erzählte Geschichte handeln sollte. Es gibt einerseits keinen Faden, der sich durch die Geschichte ihrer Beziehung ziehen ließe. Es kann aber auch nicht berichtet werden von Brüchen, Entfremdungen, Katastrophen. Die Lebendigkeit, das Faszinierende und Spannende dieser Freundschaft liegt irgendwo anders, nämlich in diesem vielzitierten Zwischen, das immer erfüllt war.

In der Einleitung wurde davon berichtet, dass die Freundschaft zwischen Arendt und Jaspers in künstlerischen Auseinandersetzungen mit Arendt, zum Beispiel in einer Grafic Novel und einem Film, keine Berücksichtigung findet. Als könnte diese Beziehung nicht in einer bilderreichen Erzählung vorkommen. Dabei hat sich gezeigt, dass das lebenslange Gespräch der beiden, das in verschiedener Weise und in verschiedenen Stimmungslagen geführt wurde, durchaus Bilder evozieren kann. Nicht zuletzt zeugt der Wunsch, einmal dabei gewesen zu sein, wie oben angeführt, von einer solchen Möglichkeit der Visualisierung.

Arendt und Jaspers fordern heraus, in ihr Gespräch einzutreten, den Faden aufzunehmen, das bereits Gedachte zu verflüssigen und neu zu denken. Das letzte Kapitel ist auch ein erstes Kapitel. Es könnte der Einstieg in eine ganz andere Form der Auseinandersetzung sein.

Anmerkungen

Zwischenräume: Zur Einleitung

1 Arendt, Hannah/Jaspers, Karl: Briefwechsel, München 1993, S. 368
2 Jaspers, Karl: Mitverantwortlich, Lizenzausgabe, S. 73
3 Arendt, Hannah: Wie ich einmal ohne Dich leben soll, mag ich mir nicht vorstellen, München 2017, S. 290
4 Arendt, Hannah/Blücher, Heinrich: Briefe 1936–1968, München 1996, S. 243
5 Ebd.
6 Ebd., S. 242
7 Ebd., S. 252

Die Bedeutung der Kommunikation für Jaspers und Arendt

1 Arendt/Jaspers: Briefwechsel, S. 463
2 Ebd., S. 482
3 Arendt, Hannah: Denktagebuch, München 2002, S. 297
4 Ebd., S. 529
5 Jaspers, Karl: Philosophie, Band 2, Berlin 1932, S. 58
6 Arendt/Jaspers: Briefwechsel, S. 49
7 Jaspers, Karl: Was ist Philosophie, München 2013, S. 7
8 Arendt/Jaspers: Briefwechsel, S. 39
9 Jaspers: Philosophie, Band 2, S. 139
10 Ebd., S. 77
11 Arendt: Denktagebuch, S. 167
12 Ebd., S. 460f.
13 Jaspers: Philosophie, Band 2, S. 100
14 Jaspers, Karl: Provokationen, München 1969, S. 55
15 Saner, Karl: Karl Jaspers, Reinbek 1996, S. 126
16 Ebd.
17 Ebd.
18 Bormuth, Matthias (Hg.): Offener Horizont, Göttingen 2016, S. 176
19 Ebd., S.178
20 Arendt/Blücher: Briefe, S. 83
21 Arendt/Jaspers: Briefwechsel, S. 65

22 Ebd., S. 337
23 Arendt, Hannah/Heidegger, Martin: Briefe 1925–1975, Frankfurt am Main 1998, S. 206
24 Jaspers, Karl: Schicksal und Wille, München 1967, S. 158
25 Ebd., S. 164
26 Ebd., S. 126

Der Philosoph und die Denkerin

1 Arendt, Hannah: Vom Leben des Geistes, München 2002, S. 13
2 Arendt: Denktagebuch, S. 752
3 Jaspers, Karl: Von der Wahrheit. München 1991, S. 69
4 Ebd., S. 158
5 Ebd.
6 Jaspers, Karl: Kleine Schule des philosophischen Denkens, München 1974, S. 174
7 Jaspers: Von der Wahrheit, S. 235
8 Arendt/Jaspers: Briefwechsel, S. 353f.
9 Jaspers, Karl: Die großen Philosophen, München 2013, S. 317
10 Arendt: Vom Leben des Geistes, S. 319
11 Ebd., S. 342
12 Arendt/Jaspers: Briefwechsel, S. 354
13 Jaspers: Die großen Philosophen, S. 61
14 Ebd., S. 42
15 Arendt, Hannah: Menschen in finsteren Zeiten, München 1989, S. 242
16 Ebd., S.103
17 Ebd., S. 104

Arendt – Jaspers – Heidegger

1 Arendt: Menschen in finsteren Zeiten, S. 94
2 Ebd., S. 93
3 Heidegger, Martin/Jaspers, Karl: Briefwechsel, Frankfurt am Main 1990, S. 171f.
4 Arendt: Menschen in finsteren Zeiten, S. 92
5 Arendt: Denktagebuch, S. 403f.
6 Ebd., S. 266
7 Arendt/Blücher: Briefe, S. 75f.
8 Ebd., S. 186

9   Heidegger/Jaspers: Briefwechsel, S. 196
10 Arendt: Denktagebuch, S. 38f.
11 Heidegger/Jaspers: Briefwechsel, S. 203
12 Ebd., S. 210
13 Heidegger, Martin: Über den Humanismus, Frankfurt am Main 2010, S. 27
14 Arendt: Denktagebuch, S. 94
15 Arendt/Jaspers: Briefwechsel, S. 199
16 Arendt/Heidegger: Briefe, S. 149
17 Arendt: Denktagebuch, S. 549
18 Ebd., S. 734
19 Jaspers, Karl: Notizen zu Martin Heidegger, München 2013, S. 31
20 Ebd., S. 89
21 Heidegger/Jaspers: Briefwechsel, S. 129
22 Ebd., S. 216
23 Ebd., S. 220

Denken und Schreiben

1   Arendt, Hannah: Vita activa, München 1994, S. 158
2   Ebd., S. 157
3   Arendt, Hannah: Ich selbst, auch ich tanze, München 2015
4   Jaspers: Mitverantwortlich, S. 18
5   Arendt: Ich selbst, auch ich tanze
6   Arendt/Jaspers: Briefwechsel, S. 332
7   Ebd., S. 230
8   Arendt, Hannah: Rahel Varnhagen, München 1981, S. 9
9   Arendt/Jaspers: Briefwechsel, S. 234
10 Arendt: Rahel Varnhagen, S. 55
11 Arendt: Menschen in finsteren Zeiten, S. 125
12 Arendt: Denktagebuch, S. 659
13 Arendt: Menschen in finsteren Zeiten, S. 211
14 Arendt, Hannah: Die verborgene Tradition, Frankfurt am Main 2016, S. 60
15 Ebd., S. 61
16 Ebd., S. 69
17 Ebd., S. 8
18 Ebd.
19 Jaspers, Karl: Die großen Philosophen, München 2013, S. 33
20 Ebd., S. 315
21 Ebd., S. 391

22 Arendt, Hannah/McCarthy, Mary: Im Vertrauen, München 1997, S. 217
23 Jaspers: Die großen Philosophen, s. 895
24 Arendt/Blücher: Briefe, S. 253
25 Arendt/Jaspers: Briefwechsel, S. 61
26 Ebd., S. 646
27 Ebd., S. 652
28 Arendt, Hannah/Blumenfeld, Kurt: ...In keinem Besitz verwurzelt, Hamburg 1995, S. 36
29 Arendt: Denktagebuch, S. 45
30 Ebd., S. 69

Aneinander vorbeilesen: Gespräche mit und über literarische Texte

1 Arendt: Menschen in finsteren Zeiten, S. 249
2 Ebd., S. 337
3 Jaspers, Karl: Philosophie Band 1, Berlin 1932, S. 332
4 Ebd., S. 337f.
5 Jaspers, Karl: Rechenschaft und Ausblick, München 1958, S. 45
6 Arendt/Jaspers: Briefwechsel, S. 543
7 Ebd., S. 575
8 Arendt: Menschen in finsteren Zeiten, S. 41
9 Arendt/Jaspers: Briefwechsel, S. 414
10 Ebd., S. 643
11 Arendt: Menschen in finsteren Zeiten, S. 249
12 Ebd., S. 286
13 Jaspers, Karl: Die Sprache, München 1990, S. 89

Natur und Welt

1 Jaspers, Karl, Von der Wahrheit, S. 88
2 Ebd.
3 Ebd., S. 712
4 Ebd., S.714f.
5 Ebd., S. 715
6 Ebd., S. 716
7 Arendt: Denktagebuch, S. 482
8 Ebd., S. 524
9 Heidegger, Martin: Vorträge und Aufsätze Band 1, Pfullingen 1967, S. 21

10 Arendt: Denktagebuch, S. 480
11 Jaspers: Von der Wahrheit, S. 97
12 Arendt, Hannah: Übungen im politischen Denken Band 1, München 1994, S. 75
13 Ebd., S. 76
14 Ebd., S. 78
15 Ebd., S. 77
16 Jaspers: Von der Wahrheit, S. 339

Liebe als Macht des Lebens oder Setzung eines Absoluten

1 Jaspers, Karl: Psychologie der Weltanschauungen, München 1994, S. 131
2 Ebd., S. 135
3 Jaspers: Von der Wahrheit, S. 990f.
4 Arendt/Jaspers: Briefwechsel, S. 627
5 Jaspers, Karl: Kleine Schule des philosophischen Denkens, München 2004, S. 148f.
6 Ebd., S. 156
7 Arendt: Rahel Varnhagen, S. 40
8 Ebd., S. 49
9 Ebd., S. 96
10 Arendt: Menschen in finsteren Zeiten, S. 133
11 Broch, Hermann: Die Schuldlosen, Frankfurt am Main 1994, S. 104
12 Arendt: wie ich einmal ohne Dich leben soll …, S. 295
13 Arendt, Hannah/Broch, Hermann: Briefwechsel, Frankfurt am Main 1996, S. 72
14 Arendt: Denktagebuch, S. 373
15 Arendt/Heidegger: Briefe, S. 76
16 Arendt/Blücher: Briefe, S. 207
17 Jaspers: Von der Wahrheit, S. 1009

Das Politische

1 Arendt/Jaspers: Briefwechsel, S. 386
2 Ebd., S. 396
3 Jaspers, Karl: Die Atombombe und die Zukunft des Menschen, München 1960, S. 22
4 Ebd., S. 55

5   Arendt: Denktagebuch, S. 473
6   Jaspers: Die Atombombe ..., S. 112
7   Arendt: Denktagebuch, S. 17
8   Jaspers: Rechenschaft und Ausblick, S. 362
9   Arendt: Übungen im politischen Denken Band 1, S. 206
10 Arendt/Jaspers: Briefwechsel, S. 303
11 Ebd.
12 Jaspers: Mitverantwortlich, S. 73
13 Jaspers: Von der Wahrheit, S. 536
14 Ebd., S. 535
15 Jaspers: Provokationen, S. 114f.
16 Arendt, Hannah: Eichmann in Jerusalem, München 1987, S. 76
17 Jaspers: Wahrheit, S. 538
18 Arendt: Denktagebuch, S. 444
19 Arendt, Hannah: Vom Leben des Geistes, München 2002, S. 191f.
20 Ebd., S. 124
21 Ebd., S. 136
22 Arendt/Jaspers: Briefwechsel, S. 457
23 Jasper, Karl: Die Schuldfrage, Heidelberg 1946, S. 17
24 Jaspers, Karl in: Die Wandlung, Erster Jahrgang, Heidelberg 1945/46, Erstes Heft, S. 677
25 Ebd., S. 680
26 Arendt: Vom Leben des Geistes, S. 192

Sprechen und Handeln

1   Jaspers: Wahrheit, S. 412
2   Ebd., S. 416
3   Ebd., S. 413
4   Ebd., S. 415
5   Arendt: Denktagebuch, S. 46
6   Jaspers: Philosophie, S. 100
7   Ebd., S. 101
8   Arendt: Denktagebuch, S. 214
9   Arendt: Vita activa, S. 165
10 Ebd., S. 185
11 Ebd., S. 167
12 Ebd., S. 174
13 Jaspers: Wahrheit, S. 521

14 Ebd., S. 522
15 Ebd., S. 526

Gott und Transzendenz, Sterben und Tod

1   Arendt: Denktagebuch, S. 763
2   Ebd., S. 277
3   Ebd., S. 279
4   Jaspers: Wahrheit, S. 691ff
5   Ebd., S. 692
6   Ebd., S. 111
7   Arendt: Denktagebuch, S. 275
8   Ebd., S. 641
9   Jaspers, Karl: Der philosophische Glaube, München 2017, S. 64
10 Jonas, Hans: Erinnerungen, Frankfurt am Main 2005, S. 111
11 Arendt: Denktagebuch, S. 358
12 Arendt/McCarthy: Im Vertrauen, S. 442
13 Ebd., S. 503
14 Ebd., S. 781
15 Arendt: Denktagebuch, S. 498
16 Ebd., S. 763
17 Jaspers, Karl: Psychologie der Weltanschauungen, München 1994, S. 305
18 Ebd., S. 261
19 Arendt/Jaspers: Briefwechsel, S. 720
20 Ebd.
21 Jaspers, Karl: Schicksal und Wille, München 1967, S. 108
22 Ebd., S. 145
23 Ebd., S. 613
24 Ebd., S. 685
25 Ebd., S. 690

In der Gegenwart

1   Arendt, Hannah: In der Gegenwart, München 2017, S. 156
2   Ebd.
3   Arendt: Vita activa, S. 158
4   Ebd., S. 159
5   Arendt: In der Gegenwart, S. 401

6   Ebd., S. 400
7   Jaspers: Wahrheit, S. 350
8   Ebd., S. 344
9   Jaspers: Mitverantwortlich, S. 480
10 Jaspers: Provokationen, S. 59
11 Arendt/Jaspers: Briefwechsel, S. 656
12 Arendt/Jaspers: Briefwechsel, S. 659
13 Arendt/Jaspers: Briefwechsel, S. 569 f.
14 Arendt/Jaspers: Briefwechsel, S. 676
15 Ebd., S. 67
16 Arendt: Denktagebuch, S. 744
17 Jaspers: Wahrheit, S. 53
18 Arendt: Vom Leben des Geistes, S. 198
19 Ebd., S. 907

Literaturverzeichnis und Abbildungsnachweis

Literaturverzeichnis:

Arendt, Hannah / Jaspers, Karl: Briefwechsel, München 1993
Arendt, Hannah: Wie ich einmal ohne Dich leben soll, mag ich mir nicht vorstellen, München 2017
Arendt, Hannah / Blücher, Heinrich: Briefe 1936–1968, München 1996
Arendt, Hannah: Denktagebuch, München 2002
Arendt, Hannah / Heidegger, Martin: Briefe 1925–1975, Frankfurt am Main 1998
Arendt, Hannah: Vom Leben des Geistes, München 2002
Arendt, Hannah: Menschen in finsteren Zeiten, München 1989
Arendt, Hannah: Vita activa, München 1994
Arendt, Hannah: Ich selbst, auch ich tanze, München 2015
Arendt, Hannah: Rahel Varnhagen, München 1981
Arendt, Hannah: Die verborgene Tradition, Frankfurt am Main 2016
Arendt, Hannah / McCarthy, Mary: Im Vertrauen, München 1997
Arendt, Hannah / Blumenfeld, Kurt: …In keinem Besitz verwurzelt, Hamburg 1995
Arendt, Hannah: Übungen im politischen Denken Band 1, München 1994
Arendt, Hannah / Broch, Hermann: Briefwechsel, Frankfurt am Main 1996
Arendt, Hannah: Eichmann in Jerusalem, München 1987
Arendt, Hannah: In der Gegenwart, München 2017

Jaspers, Karl: Mitverantwortlich, Lizenzausgabe ohne Jahreszahl
Jaspers, Karl: Philosophie Band 1, Berlin 1932
Jaspers, Karl: Philosophie Band 2, Berlin 1932

Jaspers, Karl: Was ist Philosophie, München 2013
Jaspers, Karl: Provokationen, München 1969
Jaspers, Karl: Schicksal und Wille, München 1967
Jaspers, Karl: Von der Wahrheit, München 1991
Jaspers, Karl: Kleine Schule des philosophischen Denkens, München 1974
Jaspers, Karl: Die großen Philosophen, München 2013
Jaspers, Karl / Heidegger, Martin: Briefwechsel, Frankfurt am Main 1990
Jaspers, Karl: Notizen zu Martin Heidegger, München 2013
Jaspers, Karl: Die Sprache, München 1990
Jaspers, Karl: Psychologie der Weltanschauungen, München 1994
Jaspers, Karl: Die Atombombe und die Zukunft des Menschen, München 1960
Jaspers, Karl: Rechenschaft und Ausblick, München 1958
Jaspers, Karl: Die Schuldfrage, Heidelberg 1946
Jaspers, Karl: Der philosophische Glaube, München 2017

Bormuth, Matthias (Hg.): Offener Horizont, Göttingen 2016
Broch, Hermann: Die Schuldlosen, Frankfurt am Main 1994
Heidegger, Martin: Vorträge und Aufsätze Band 1, Pfullingen 1967
Heidegger, Martin: Über den Humanismus, Frankfurt am Main 2010
Precht, Oliver: Heidegger, Hamburg 2020
Saner, Karl: Karl Jaspers, Reinbek 1996

Abbildungsnachweis:

S. 12: Universitätsarchiv Heidelberg, S.18: Deutsches Literaturarchiv Marbach (mit freundlicher Genehmigung der Georges Borchardt Inc./Mohrbooks für den Nachlass von Hannah Arendt) S. 36: ullstein bild – dpa / Fred Stein, S. 60: akg-images, 76: akg-images / Fototeca Gilardi, S. 89: akg-images / Imagno / Franz Hubmann, S. 121 akg-images /picture alliance, S. 126 akg-images / picture alliance, S. 133 Stadtmuseum München / Barbara Niggl Radloff, S. 177: akg-images / Fred Stein.

Dank

Mein Dank geht an das Karl-Jaspers-Haus in Oldenburg, wo ich zwei Wochen lang die reiche Bibliothek von Karl Jaspers durchstöbern durfte. Besonders bedanken möchte ich mich bei Prof. Matthias Bormuth für die Möglichkeit, ausgiebig zu recherchieren und für die Recherchezeit im Jaspers-Haus zu wohnen und bei Prof. Reinhard Schulz für die stets offene Gesprächsbereitschaft.

Außerdem möchte ich mich bei meiner Lektorin Kirsti Doepner bedanken, die sich meinem Text mit Genauigkeit und Sensibilität gewidmet hat.

Personenregister

Adorno, Theodor W. 34, 35
Anders, Günther 35
Auden, Wystan H. 99, 100
Augustinus, Aurelius 45–47, 87, 140
Benjamin, Walter 49, 83, 84, 99
Blücher, Heinrich 101, 122, 123, 161, 166, 193
Blumenfeld, Kurt 94, 193
Brecht, Bertolt 104, 105
Broch, Hermann 101, 102, 120, 121, 193, 194
Bultmann, Rudolf 160
Chaplin, Charles 84, 85, 87
Drescher, Wilhelmine 32
Eichmann, Adolf 23, 35, 42, 136–141, 193
Eri, Franz Xaver 32
Feitelson, Rose 123
Fränkel, Hilde 14, 120
Franziskus 116
Gaus, Günter 34, 41, 42, 147
Goethe, Johann Wolfgang 100, 101, 105
Grillparzer, Franz 105
Grosz, George 35
Hebbel, Friedrich 105
Heidegger, Elfride 35, 59, 60, 63, 68
Heidegger, Martin 13–15, 24, 26, 37, 41, 43, 49, 51, 54, 55, 57, 59–73, 75, 78, 81, 97, 110, 120–123, 193, 194
Heine, Heinrich 84, 85, 87
Hochhuth, Rolf 101
Husserl, Edmund 13, 26, 48
Jarrell, Randall 98
Jaspers, Gertrud 17, 19, 32, 38, 39, 70, 72, 141, 168
Jonas, Hans 160
Kafka, Franz 84, 85, 87, 179
Kant, Immanuel 42, 48, 88, 135, 141
Kennedy, John F. 176
Kohn, Jerome 33, 34
Kolle, Kurt 32
Krimstein, Ken 10
Lazare, Bernard 84, 85, 87
Lessing, Gotthold Ephraim 102–105
Marx, Karl 65–67
McCarthy, Mary 161, 166, 170, 176, 193
Mulisch, Harry 138
Musil, Robert 70
Platon 33, 42, 48
Precht, Oliver 63, 194
Reckwitz, Andreas 29
Rilke, Rainer-Maria 15, 49
Salditt, Maria 32
Saner, Karl 33, 70, 194
Sartre, Jean-Paul 42, 97
Shakespeare, William 105, 139, 142, 143
Sokrates 33, 42, 48, 130, 141, 150
Spinoza, Baruch de 90
Stern, Günther 23
Trotta, Margarethe von 10
Varnhagen, Rahel 23, 26, 27, 78–82, 193
Weber, Max 84, 167

EINE KRITISCHE WEITERFÜHRUNG DER THESEN HANNAH ARENDTS

Lothar Fritze (Hg.)
Hannah Arendt weitergedacht
Ein Symposium

Schriften des Hannah-Arendt-Instituts für Totalitarismusforschung. Band 35

2008. 233 Seiten mit 3 Abb., gebunden
€ 45,00 D | € 47,00 A
ISBN 978-3-525-36913-5
E-Book € 29,99 D | € 30,90 A

Hannah Arendt gehört zu denjenigen Philosophen und Sozialwissenschaftlern des 20. Jahrhunderts, die einen bedeutenden geistigen Einfluss auf die Debatten in Wissenschaft und Öffentlichkeit gewonnen haben. Gleichzeitig waren nur wenige so umstritten wie sie, haben nur wenige derart polarisiert und sahen sich nur wenige so intensiven Anfeindungen ausgesetzt wie sie. Manche ihrer Thesen stießen auf energischen Widerspruch und lösten lebhafte Diskussionen aus, die auch heute noch fortgeführt werden. In Beiträgen von Philosophen, Politologen, Soziologen und Historikern setzt sich dieser Band mit den Ideen, Fragestellungen und Überlegungen Hannah Arendts auseinander und führt sie gegebenenfalls kritisch weiter.

BRIEFWECHSEL ZWISCHEN HANNAH ARENDT UND ERIC VOEGELIN ZUR TOTALITARISMUSANALYSE

Hannah-Arendt-Institut (Hg.)
Disput über den Totalitarismus
Texte und Briefe

Berichte und Studien. Band 70

2015. 110 Seiten, kartoniert
€ 20,00 D | € 21,00 A
ISBN 978-3-8471-0492-6
E-Book € 15,99 D | € 16,50 A

Die von der Autorin entfernten Textstücke aus der ersten englischsprachigen Auflage des Totalitarismusbuches, die Antwort auf Eric Voegelins Rezension sowie der Briefwechsel mit Voegelin aus dem Jahr 1951 sind für jeden hilfreich, der Arendts Totalitarismuskonzept und dessen Entwicklung genauer kennenlernen und beurteilen möchte. Diese Dokumente und die daran anknüpfenden Texte von Ursula Ludz, Ingeborg Nordmann und Michael Henkel tragen zur Verdeutlichung von Hannah Arendts Vorstellungen vom Totalitarismus als einer eigenen Herrschaftsform bei, die in der deutschen Diskussion nach wie vor Missverständnissen ausgesetzt sind.